APPENDIX

학문의 명칭

* discipline 학과, 학문의 부문 (a subject that people study or are taught, especially in a university)
* branch 부문, 분과 (a division of an area of knowledge or a group of languages)

natural science [자연과학]

- [ ] astrology 점성학, 점성술
- [ ] astronomy 천문학
- [ ] astrophysics 천체 물리학
- [ ] geology 지질학
  - geophysics 지구 물리학
- [ ] petrology 암석학
- [ ] gem(m)ology 보석학
- [ ] geography 지리학
- [ ] cosmology 우주론, 우주 철학
- [ ] physics 물리학
- [ ] chemistry 화학
- [ ] physiology 생리학
- [ ] biology 생물학; 생태학(=ecology)
  - microbiology 미생물학
- [ ] biochemistry 생화학
- [ ] bacteriology 세균학
- [ ] zoology 동물학
- [ ] ecology 생태학(=bionomics)
- [ ] botany 식물학
- [ ] entomology 곤충학
- [ ] ornithology 조류학
- [ ] ichthyology 어류학
- [ ] eugenics 우생학, 인종개량법
- [ ] euthenics 생활 개선학, 환경 우생학
- [ ] meteorology 기상학
- [ ] climatology 기후[풍토]학
- [ ] oceanography 해양학
- [ ] electronics 전자공학, 일렉트로닉스

- [ ] aeronautics 항공학
- [ ] dietetics 영양학, 식이요법(학)
  - cf. sitology 식품학, 영양학

cultural science [인문과학]

- [ ] theology 신학
- [ ] ethics 윤리, 도덕; 윤리학
- [ ] civics 국민윤리
- [ ] philosophy 철학, 철인사상
- [ ] (a)esthetics 미학
- [ ] linguistic 언어학
- [ ] phonology 음운학, 음운론
- [ ] phonetics 음성학, 발음학
  - cf. sonics 음파학, 음향 공학
- [ ] etymology 어원학, 어원연구, 품사론
- [ ] semantics 의미론
- [ ] morphology 형태학; [언어]형태론
- [ ] philology 비교언어학, 문헌학
- [ ] graphology 필적학, 필적 관상법
- [ ] archaeology 고고학

social science [사회과학]

- [ ] anthropology 인류학, 문화인류학
  - ethnology 민족학, 인종학
  - ethnography 기술 민족학
  - cf. ethnic 인종의, 민족의; 민족학의
- [ ] phrenology 골상학
- [ ] ergonomics 인간공학
- [ ] sociology 사회학
- [ ] politics 정치학, 정치
- [ ] economics 경제학
- [ ] jurisprudence 법률학, 법리학
- [ ] forensic [단수취급] 웅변술; <미> 토론학
  - cf. forensic 법의학의, 과학수사[범죄과학]의, 토론의
- [ ] criminology 범죄학
- [ ] psychology 심리학
  - cf. physiology 생리학
- [ ] statistics 통계학
- [ ] gerontology 노인학
- [ ] pedagogy 교육학
- [ ] pedology 1. 소아학, 육아학(pediatrics) 2. 토양학

medical science [의학]

- [ ] p(a)ediatrics 소아과(학)
- [ ] genetics 유전학
- [ ] immunology 면역학
- [ ] embryology 발생학, 태생학
- [ ] phrenology 골상학
- [ ] cardiology 심장학
- [ ] neurology 신경학
- [ ] pathology 병리학
- [ ] etiology 병인론, 인과 관계학, 원인론
- [ ] orthop(a)edics 정형 외과학, 원인론
- [ ] pharmacology 약학, 약리학
- [ ] obstetrics 산과학, 산과술
- [ ] gyn(a)ecology 부인과 의학
- [ ] anatomy 해부학

(the science of agriculture) [농학]

- [ ] horticulture 원예학
- [ ] forestry 임학, 조림학
- [ ] dendrology 수목학
- [ ] pomology 과수 원예학
- [ ] agronomics 작물학, 농업경영학

주요 접두어 도해

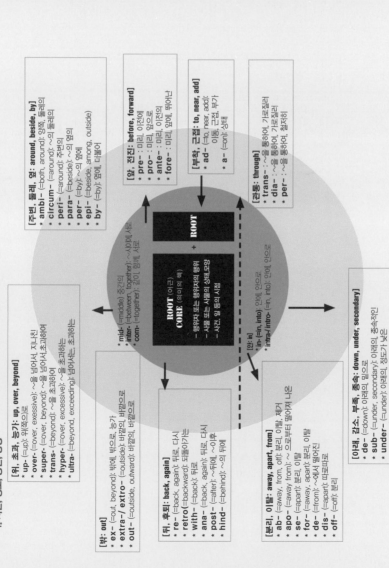

1. 시간, 장소, 공간, 방향

[위, 초과, 능가: up, over, beyond]
* up- (=up): 위쪽으로
* over- (=over, exessive): ~을 넘어서, 지나친
* super- (=over, beyond): ~을 넘어서,초과하여
* trans- (=beyond): ~을 초과하여
* hyper- (=over, excessive): ~을 초과하는
* ultra- (=beyond, exceeding): 넘어서는, 초과하는

[밖: out]
* ex- (=out, beyond): 밖에, 밖으로, 능가
* extra-/ extro- (=outside): 바깥의, 바깥으로
* out- (=outside, outward): 바깥의, 바깥으로

[뒤, 후퇴: back, again]
* re- (=back, again): 뒤로, 다시
* retro- (=backward): 되돌아가는
* with- (=back): 뒤로
* ana- (=back, again): 뒤로, 다시
* post- (=after): ~뒤에, ~이후
* hind- (=behind): ~의 뒤에

[분리, 이탈: away, apart, from]
* ab- (=away, from, off): 분리, 이탈, 제거
* apo- (=away from): ~으로부터 떨어져 나온
* se- (=apart): 분리, 이탈
* for- (=away, apart): 분리, 이탈
* de- (=from): ~에서 떨어진
* dis- (=apart): 따로따로
* off- (=off): 분리

[주변, 둘레, 옆: around, beside, by]
* ambi- (=both, around): 양쪽, 둘레의
* circum- (=around): ~의 둘레에
* peri- (=around): 주변의
* para- (=beside): ~의 옆의
* per- (=by): ~의 옆에
* epi- (=beside, among, outside)
* by- (=by): 옆에, 더불어

[앞, 전진: before, forward]
* pre- : 미리, 이전에
* pro- : 미리, 앞으로
* ante- : 미리, 이전의
* fore- : 미리, 앞에, 뛰어난

[부착, 근접: to, near, add]
* ad- (=to, near, add): 이동, 근접, 부가
* a- (=on): 상태

[관통: through]
* trans- : ~을 통하여, 가로질러
* dia- : ~을 통하여, 가로질러
* per- : ~을 통하여 철저히

[안: in]
* in- (=in, into): 안에, 안으로
* intra-/intro- (=in, into): 안에, 안으로

[아래, 감소, 부족, 종속: down, under, secondary]
* de- (=down): 아래의, 밑으로
* sub- (=under, secondary): 아래의, 종속적인
* under- (=under): 아래의, 정도가 낮은
* hypo- (=under, less): ~에 못 미치는
* cata- (=down, backward, away)

ROOT (어근)
CORE (의미의 핵)
- 행위자 또는 행위자의 행위
- 사물 또는 사람의 상태,모양
- 사건, 일 등의 시점

* mid- (=middle) 중간의
* inter- (=between, together): ~사이에, 서로
* com- (=together): 같이, 함께, 서로

ROOT + ROOT

2. 부정, 반대(대항), 나쁨

* dis- (=not): 부정
* in- (=not): 부정
* un- (=not, 동사,명사에 붙어서 반대의 행위를 하다
* an- (=not, without): ~이 아닌, ~이 없는
* non- (=not): 부정
* anti- (=against,opposite): ~에 거슬러, ~에 반대의
* mal- (=ill, bad): 나쁜
* de- (=not, reverse): 부정, 역(逆)
* ob- (=against): ~에 거슬러
* re- (=against): ~에 거슬러
* per- (=falsely): 거짓으로
* mis- (=wrong, bad, no): 잘못된
* contra-/counter- (=against): 반대
* bene-/bon/eu- (=good): 좋은, 우아한

3. 같음과 다름 등

* homo- (=same): 같은
* syn- (=alike, with together): 같은, 같이, 동시에
* hetero- (=other, different): 다른
* anti- (=against, opposite): ~에 거슬러, ~에 반대의

4. 수량, 정도, 양

* omni- (=all): 다방면의, 모두의
* pan- (=all): 전체적인 전부의
* poly-, multi- (=many): 많은
* macro- (=large, long, excessive): 많은, 긴 ↔ micro- (=small): 작은

5. Make, 동작

* en- (=make,give): ~하게 하다,~이 되게 하다,수여
* be- (=make): ~이 되게 하다, ~하다
* auto- (=self): 스스로 하다, 저절로 되다

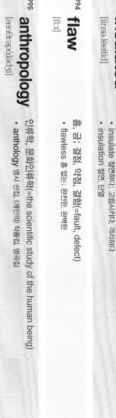

DAY 40

시험에 가장 많이 출제되는 **TOP1000 표제어**

0976 duplicate
[djúːplikeit]

- 똑사 [복제]하다(; 중복되다(=copy, clone); 복사본(=replica), 복제품
- replicate 복사하다, (바이러스가) 자기 복제를 하다

0977 resemblance
[rizémbləns]

- 닮음; 유사성 공통점(=likeness)
- resemble ~을 닮다, ~와 공통점이 있다(=take after)

0978 extract
[ikstrǽkt]

- (이빨 등을) 뽑다, (정보, 돈 따위를) 뽑아내다(=remove, pull out); 추출하다(=distill)

0979 extort
[ikstɔ́ːrt]

- 강제로 탈취하다[from](=hold up), (억속・자백을) 강요하다
- extortion 강요, 강탈; 강취; 착취

0980 subscribe
[səbskráib]

- (신문, 잡지를) 구독하다[to, for]; 기부를 약속하다[to]
- subscription 기부; 예약 구독; 신청

0981 fortitude
[fɔ́ːrtətjùːd]

- 불굴의 용기, 꿋꿋함(=tenacity, courage)

0982 portent
[pɔ́ːrtent]

- (불길한) 조짐, 전조(=foretoken)
- portentous 전조의; 불길한; 흉조의(=threatening)

0983 advocate
[ǽdvəkèit]

- (공개적으로) 지지[주창]하다(=support); 지지자; 주창자(=proponent, champion)

0984 relegate
[réligèit]

- 좌천[강등]시키다[to](=banish); (일 따위를) 이관[위탁]하다[to](=consign)
- relegation 좌천, 추방; 위탁

0985 incessantly
[insésntli]

- 끊임없이, 쉴 새 없이(=perpetually, constantly, unceasingly, relentlessly)
- incessant 끊임없는, 쉴 새 없는(=constant)
- ceaseless 끊임없는(=continually), 부단한

0986 clumsy
[klʌ́mzi]

- (동작 등이) 어설픈, 서투른(=awkward, maladroit, all thumbs)
- clumsily 서투르게; 어설프게
- all thumbs 서투른

0987 plague
[pleig]

- (고통・문제가 장기간) 괴롭히다(=annoy, disturb); 성가시게 하다
- plague(plæk) (벽에 거는) 장식판; 저석

0988 panacea
[pæ̀nəsíːə]

- 만병통치약, 만능 해결책(=remedy for all disease, cure-all)
- panache[pənǽʃ] (투구의) 깃털 장식; 당당한 태도, 허세

0989 unravel
[ʌn rǽvəl]

- (엉클어진 것 등을) 풀다(=disentangle); (문제를) 풀다, 풀리다; 해결하다
- ravel (실 등을) 헝클어지게 하다

0990 circumscribe
[sə́ːrkəmskràib]

- (권리・자유 등을) 제한[억제]하다; 한계를 정하다
- circumscription 제한; 한정

0991 apparel
[əpǽrəl]

- (판매용) 옷[옷들], (전문적) 의류, 의상(=clothes, clothing)

0992 conceit
[kənsíːt]

- 자부심, 자만심(=pride)
- conceited 자만심이 강한, 우쭐대는(=proud, vainglorious)

0993 insulated
[ínsəlèitid]

- 외부의 영향을 막는, 격리된[from](=isolated); 절연된
- insulate 절연하다; 고립시키다, 격리하다
- insulation 절연, 단열

0994 flaw
[flɔː]

- 흠, 금; 결점, 약점; 결함(=fault, defect)
- flawless 흠 없는; 완전한; 완벽한

0995 anthropology
[æ̀nθrəpάlədʒi]

- 인류학, 문화인류학=the scientific study of the human being)
- anthology 명시 선집, (개인의) 작품집; 명곡집

0996 sibling
[síbliŋ]

- (양친 또는 부모 한쪽이 같은) 형제, 자매(=brothers and sisters)
- sibling relationship 형제 관계, 형제간의 우애

0997 sheer
[ʃiər]

- 완전한, 순전한, 진짜의[=absolute); 순수한(순전함)[=pure); 얇은, 비쳐보이는(=transparent)
- sheen[ʃiːn] 광채; 광택, 윤(=luster)

0998 soar
[sɔːr]

- 높이 치솟다, 날아오르다; 급상승하다, (물가가) 폭등하다(=rise rapidly)
- sore[sɔːr] (상처가) 아픈; 쓰린

0999 amenity
[əménəti]

- (pl.) 쾌적한 편의[문화] · 오락) 시설(=comforts, conveniences); 쾌적성; 상냥함

1000 euthanasia
[jùːθənéiʒə]

- 안락사(安樂死)(=mercy killing)

duplicate 복사하다 O976

resemblance 닮음, 공통점 O977

extract 뽑다 O978

extort 강제로 탈취하다 O979

subscribe 구독하다 O980

fortitude 불굴의 용기 O981

portent 불길한 조짐 O982

advocate 지지하다, 주창하다 O983

relegate 강등시키다 O984

incessantly 끊임없이 O985

clumsy 서투른 O986

plague 괴롭히다, 성가시게 하다 O987

panacea PANACEA 만병통치약 O988

unravel 얽힌 것을 풀다, 해결하다 O989

circumscribe 제한하다 O990

apparel 옷, 의상 O991

conceit 자부심 O992

insulated 절연된, 격리된 O993

flaw 흠, 결함 O994

anthropology 인류학 O995

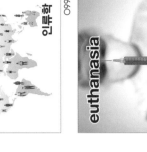
sibling 형제, 자매 O996

sheer 비치는, 순전한 O997

soar 폭등하다 O998

amenity 쾌적함, 편의시설 O999

euthanasia 안락사 O1,000

시험에 가장 많이 출제된 **TOP 1000 표제어**

0951 archaic [ɑːrkéiik]
고대의, 고풍의(=ancient); 구식의(=old, antiquated, outdated); 고어체의
· arch(a)eology 고고학; 고대의 유적, 유물

0952 crude [kruːd]
원래 그대로의, 미가공의(=natural); 대충 만드는(=rough)
· rude 버릇없는, 무례한; 미가공의, 투박한

0953 stark [stɑːrk]
순전한, 순수한, 완전한(=complete); 있는 그대로의(=real, bare)
· stark contrast 현저한 대조, 극명한 차이

0954 banal [bənǽl]
진부한, 상투적인(=stereotyped)
· banality 진부함; 진부한 것

0955 specious [spíːʃəs]
허울만 그럴듯한, 그럴싸한(=plausible, ostensible)
· spacious(=spéiʃəs) (방이나 공간이) 넓은(=roomy), 광대한; 포괄적인

0956 congenital [kəndʒénətl]
(질병이) 선천적인(=inherited, inherent, innate); (성격 습성이) 타고난
· congenital 알맞은; 쾌적한; 마음이 맞는

0957 germane [dʒərméin]
밀접한 관계가 있는, 적절한[to](=relevant, pertinent)

0958 nascent [nǽsnt]
발생하려고 하는, 초기의(=budding, fledgling)
· renascent 다시 돋는, 부흥하는 renaissance 부흥, 부활; (R~) 문예부흥, 르네상스

0959 embark [imbɑ́ːrk]
착수하다[start, begin, depart]; 승선하다[on, upon](=engage)
· disembark (배 · 비행기 등에서) 내리다; 상륙하다

0960 embargo [imbɑ́ːrgou]
(입출항) 금지(수출입) 금지(=ban, prohibition, inhibition); (무역) 금지

0961 advent [ǽdvent]
출현, 등장, 도래(=appearance, arrival); 예수의 재림

0962 advance [ædvǽns]
진보하다, 전진하다; 제출하다; 승진하다; 사전의, 선불의
· advanced (교양 과정이) 고급의, 상급의; (기술 등이) 진보한
· advancement 진보, 발전; 승진(=preferment)

0963 due [djuː]
(어음 등이) 만기가 된; 응당 받아야 할; 도착할 예정인; 세금, 수수료
· due to ~에 기인하는, ~때문에; ~덕분에; ~할 예정인
· overdue 지불기한이 넘은; 늦은, 연착한

0964 foresee [fɔ́ːsíː]
예견하다, 예지하다(=predict)
· foreseeable 예견할 수 있는
· in the foreseeable future 가까운 미래에

0965 biennially [baiéniəli]
2년마다, 격년으로(=every other year)
· biennial 2년마다의; 2년생 식물 biennale 격년 행사, 비엔날레
· biannually 반년마다, 연 2회의(=semiannually), 2년마다(=biennially)

0966 exemplary [igzémpləri]
경고가 되는(=meant as a warning); 모범적인(=commendable); 전형적인
· exemplar 모범이, 모범; 전형, 원형
· exemplify 예시하다; 좋은 예가 되다(=epitomize)

0967 (a)esthetic [esθétik]
미의; 심미적인, 미적 감각이 있는(=artistic)
· (a)esthetics (단수 취급) 미학 (a)esthetician 미학자

0968 grim [grim]
불쾌한, 싫은(=unpleasant, grisly); 암울한(=dismal)
· grimly 음침하게, 무섭게, 잔인하게(=sternly)
· grimace 얼굴을 찌푸림, 찡그린 얼굴, 우거지상

0969 callous [kǽləs]
(남의 고통에) 무감각한, 냉담한(=unfeeling, insensitive)
· callousness 냉담함(=apathy)

0970 intimate [íntəmət]
암시하다, 넌지시 알리다(=hint); 친밀한; 일신상의
· intimation 암시; 통지, 고지
· intimacy 친밀; 친교, 친한 사이; 육체관계(=friendliness)

0971 subsistence [səbsístəns]
최저 생활, 생계
· subsist 먹고 살다, 살아가다[on]

0972 provisional [prəvíʒənl]
일시적인, 임시의 (홍정적이 아니라) 잠정적인(=temporary, tentative)
· provisionally 일시적으로, 임시로
· provision 밟 조항; 구잡; 준비; (음식물의) 공급; (pl.) 식량, 양식

0973 incidental [ìnsədéntl]
부수적인; 우연이 일어나는; 부수적 사건, 경비
· incidence (사건 · 영향의) 발생, 발생률(=occurrence); (세금의) 부담
· incident 사건; (특히) 우발[우발수]적 사건

0974 nocturnal [naktɔ́ːrnl]
밤의, 야간의; 야행성의
· diurnal 낮의, 주간의(=daily); 낮에 활동하는; 매일 일어나는

0975 automation [ɔ̀ːtəméiʃən]
자동화 기계, 자동화
· automated 자동화된 ↔ manual 수동의
· automaton 자동장치, 로봇(=robot)

archaic
고대의, 구식의
O951

crude
마구공의
O952

stark
순수한, 완전한, 저니러한
O953

banal
진부한
O954

specious
허울만 좋은
O955

congenital
선천적인
O956

germane
직접한
O957

nascent
초기의
O958

embark
배에 타다, 착수하다
O959

embargo
수출입 금지, 보도금지
O960

advent
출현, 등장
O961

advance
진보하다, 전진하다
O962

due
만기가되 된
O963

foresee
예견하다
O964

biennially
2년마다
O965

exemplary
경고가 되는
O966

esthetic
미적인
O967

grim
불쾌한
O968

callous
무감각한
O969

intimate
친밀한
O970
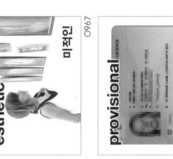

subsistence
최저 생활, 생계
O971

provisional
임시의
O972

incidental
부수적인
O973

nocturnal
야행성의
O974

automation
자동화
O975
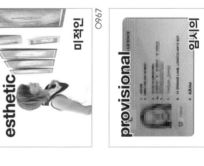

0926 authenticate
[ɔːθéntəkèit]
- (필적·미술품·말 등이) 진짜임을 증명하다
- authentic 진짜의(=genuine); 신뢰할 만한(=reliable)
- authenticity 확실성; 성실; 진품(진짜)임(=verisimilitude)

0927 attest
[ətést]
- 증명하다[되다](=prove); 확신하다(=confirm, affirm);
- bear witness to ~를 증언하다, ~를 입증하다(=attest, testify)

0928 circumspect
[sə́ːrkəmspèkt]
- 신중한, 용의주도한, 치밀한(=prudent)
- circumspection 신중, 용의주도
- with circumspection 신중하게

0929 overhaul
[òuvərhɔ́ːl]
- (기계·제도·시스템을) 점검[정비]하다(=examine thoroughly, revamp); 총점검

0930 debunk
[diːbʌ́ŋk]
- (생각·이론 등이) 정곳되었음을 보여주다(=expose)
- debunker 폭로자

0931 sedative
[sédətiv]
- 진정시키는(=tranquilizing); 졸리게 하는(=soporific); 진정제(=tranquilizer)
- sedate 진정시키다, 참착하게 하다; 참착한

0932 placid
[plǽsid]
- 평온한, 잔잔한(=peaceful, tranquil)
- placidity 조용함, 평온, 온화, 차분함

0933 equanimity
[iːkwəníməti]
- (마음의) 평정; 침착, 태연(=composure, equilibrium)
- with equanimity 차분하게(=calmly)

0934 hypnosis
[hipnóusis]
- 최면 상태; 최면술(=mesmerization)
- hypnotize ~에게 최면을 걸다; 매료하다(=mesmerize)
- hypnotic 최면술의, 잠이 오게 하는; ~ 수면제

0935 mess
[mes]
- 혼란, 뒤죽박죽, 엉망진창; 곤경(=muddle); 난잡하게 하다, 망쳐놓다(=up)
- messy (정소가) 어질러진; (사람이) 지저분한; (일이) 꼬인

0936 inclination
[inklənéiʃən]
- 기울기, 경사(도); (~하려는) 의향(경향)[to]
- be inclined to R ~하는 경향이 있다(=be likely to R), ~하기 쉽다
- disinclination 싫음, 내키지 않음(=reluctance)

0937 dedicate
[dédikèit]
- 허당[봉정, 헌정]하다(=consecrate); 전념하다(=devote)
- dedicate oneself to ~에 전념하다
- dedication 봉정; 헌정; 헌신; 개관식

0938 engross
[ingróus]
- ~에 열중하게 하다, 몰두시키다(=attract)
- be engrossed in ~에 몰두(전념)하다(=be occupied in)

0939 indulgent
[indʌ́ldʒənt]
- 제멋대로 하게 두는, (결점에) 너그러운
- indulge 탐닉하다[in]; (아이를) 버릇없이 기르다

0940 recourse
[ríːkɔːrs]
- (어려운 상황을 타개하기 위해) 의지하는 것(=resort)
- without recourse to ~에 의지하지 않고

0941 prerogative
[prirɑ́gətiv]
- (관직 등에 따르는) 특권, 특혜(=special privilege)

0942 abrogate
[ǽbrəgèit]
- (법령·협약 등을) 폐지[폐기]하다(=abolish, do away with)
- abrogation 폐지, 폐기

0943 repeal
[ripíːl]
- (법률 등을) 폐지[폐기]하다(=cancel, rescind); 폐지
- repealer 폐지론자; (기존 법령의) 폐지 법안

0944 nullify
[nʌ́ləfài]
- (법적으로) 무효화하다, 호과가 없게 하다(=invalidate, annul)
- null 무효의; 무의한; 하나도 없는; 영의; 영, 제로

0945 dissipate
[dísəpèit]
- (구름·안개 등을) 흩뜨리다; 낭비[탕진]하다(=waste, squander, lavish)
- dissipation 흩어짐 사라짐; 낭비

0946 tenet
[ténit]
- 교의(敎義), 주의(=doctrine), 신조, 신념

0947 paradox
[pǽrədɑ̀ks]
- 역설, 자가당착의 말, 패러독스
- paradoxical 역설의, 자가모순의; 기이한

0948 consecutive
[kənsékjutiv]
- 연속적인, 계속되는(=successive)
- consecutively 연속적으로, 연발아(=in succession)

0949 entail
[intéil]
- (필연적인 결과로서) 수반하다, 일으키다(=cause, involve)

0950 subordinate
[səbɔ́ːrdənət]
- 계급이 낮은, 하급의; 종속적인(=subsidiary, secondary); 하급자
- subordination 예속; 종속; 복종
- insubordinate 순종하지 않는, 반항하는

authenticate
진짜임을 확인하다
O926

attest
증명하다
O927

circumspect
신중한
O928

overhaul
정비하다
O929

debunk
잘못되었음을 보여주다
O930

sedative
진정제, 진정시키는
O931

placid
평온한, 잔잔한
O932

equanimity
침착, 태연
O933

hypnosis
최면술
O934

mess
엉망진창
O935

inclination
기울기, 경향
O936

dedicate
봉헌하다, 헌정하다
O937

be engrossed in
~에 열중하다
O938

indulgent
제멋대로 하게 두는
O939

recourse
해결을 위한 수단
O940

prerogative
특권
O941

abrogate
폐지하다
O942

repeal
폐지하다
O943

nullify
무효화하다
O944

dissipate
흩어져 사라지다
O945

tenet
교의, 신조
O946

paradox
역설
O947

consecutive
연속적인
O948

entail
결과로 수반하다
O949

subordinate
하급자, 부하
O950

0901 criterion
[kraitíəriən]
[pl.] criteria (판단·평가의) 기준, 척도(=standard)

0902 milestone
[máilstòun]
(이정표적인) 획기적 사건(=landmark)

0903 momentous
[mouméntəs]
(결정·사건·변화 등이) 중대한, 중요한(=important, significant)
• momentary 순간의, 찰나의; 덧없는(=transitory)

0904 pivotal
[pívətl]
중추적인, 중요한(=important); 회전축의
• play a pivotal role in ~에서 중추적인 역할을 하다
• pivot (기계의 개의) 회전축; 중심점, 요점; (~을 중심으로) 회전하다

0905 marginal
[máːrdʒinl]
별로 중요하지 않은(=insignificant, unimportant), 미미한; 가장자리의, 변두리의; 여백; 한계수익의; 최저한도의
• margin 최저한도, 한계; 가장자리, 변두리; 여백; 한계수익; 특별 수당
• by a narrow margin 근소한 차로, 간신히

0906 ornament
[ɔ́ːrnəmənt]
꾸밈, 장식; 장식품, 꾸미다, 장식하다
• ornamentation 장식, 장식품(=adornment)
• ornate 화려하게 장식한(=elaborate)

0907 adorn
[ədɔ́ːrn]
장식하다; (보석 따위로) 치장하다[with](=decorate)
• adornment 장식, 장식품(=decoration, ornamentation)

0908 artificial
[àːrtəfíʃəl]
인위적인(=synthetic), 부자연스러운; (거짓으로) 꾸민, 가짜의(=affectation)
• artificiality 인위적임, 부자연스러움; 꾸밈, 가짜
• artifact / artefact (천연물과 대비하여) 인공물, 가공물

0909 vulgar
[vΛlgər]
(사람이나 작품이) 통속적인; 저속한(=indecent); 평범한(=common)
• vulgarian 속물; 천한 벼락부자; 속물의

0910 urbane
[əːrbéin]
도시풍의; 세련된, 예의 바른(=couth)
• urban 도시의; 도시 특유의; 도시에 사는
• suburban 교외의, 교외; 거주자의

0911 affiliation
[əfìliéiʃən]
(개인의) 정치·종교적) 소속[가입]; (단체의) 제휴, 가맹
• affiliate 제휴하다[with](=associate), ~에 가입하다; 양자로 삼다

0912 conglomerate
[kənglάmərət]
(거대) 복합 기업, 대기업; 집합체
• conglomeration 복합체(=mixture, combination)
• agglomeration 응집, 덩어리(=cluster)

0913 ambience
[ǽmbiəns]
(어떤 장소의) 분위기; 주위, 환경(=atmosphere)
• ambient 주위의, 주변을 둘러싼
• ambit 주위; 경계, 범위; 세력권(=realm)

0914 adjacent
[ədʒéisnt]
인접한[to](=nearby, neighboring, touching); (시간적으로) 직전의
• adjacency 근접, 인접

0915 parallel
[pǽrəlèl]
평행한; 아주 유사한(=analogous); 유사하다; ~와 필적하다; 유사점
• unparalleled 비할 바 없는, 미증유의(=unprecedented)

0916 cluster
[klΛstər]
떼 짓다; 밀집하다, 밀집하다[together](=concentrate); 다발(=bunch), 무리

0917 shrink
[ʃríŋk]
오그라들다(=contract); 줄다(=become smaller); 움츠러들다

0918 elastic
[ilǽstik]
탄력 있는, 신축성이 있는; (상황에 따라) 융통성이 있는(=flexible)
• elasticity 탄력; 신축성(=resilience)

0919 dilate
[dáilèit]
넓히다, 팽창시키다(=widen, expand); 넓어지다, 팽창하다(=widen, become wider)
• dilation 팽창, 확장(=distension)

0920 longevity
[lɑndʒévəti]
장수(長壽); 수명
• brevity 간결; 짧음, 순간

0921 buttress
[bΛtris]
지지하다; (주장에) 힘을 실어 주다(=support); 버팀벽
• butt (조롱의) 대상, 표적; (구어) 엉덩이

0922 underpin
[Λndərpín]
(주장을) 뒷받침하다[근거를 대다](=support)
• underpinning 지주, 받침대; 지지, 기반, 토대(=foundation)

0923 unwieldy
[ΛnwíːldiÍ]
(무거워서) 다루기 힘든, 거추장스러운
• wield (칼·도구·권력 등을) 휘두르다, 사용하다(=use)

0924 harness
[hάːrnis]
(자연력을) 동력화하다, 이용하다(=utilize, exploit)

0925 manipulate
[mənípjulèit]
능숙하게 다루다(=operate with skill); 교묘하게 조작하다(=doctor)
• manipulation 교묘한 처리, 시장 조작

criterion
판단의 척도
O901

milestone
RIO DE JANEIRO 13,281 Km
MOSCU 15,572 Km
ROMA 13,651 Km
이정표
O902

momentous
Hank Aaron
중대한
O903

pivotal
회전축의, 중추적인
O904

marginal
가장자리의, 한계의
O905

ornament
장식품, 꾸밈
O906

adorn
치장하다
O907

artificial
artificial ntelligence
인공지능
인공의
O908

urbane
도시풍의, 세련된
O910

affiliation
OO재료
OO형태
OO인자
소속, 제휴
O911

conglomerate
OO분자
복합기업, 대기업
O912

ambience
분위기
O913

adjacent
이웃한
O914

parallel
평행선, 아주 유사한
O915

cluster
떼, 덩어리
O916

shrink
오그라들다, 위축되다
O917

elastic
신축성이 있는
O918

dilate
팽창시키다
O919

longevity
장수
O920

buttress
저지하다
O921

underpin
뒷받침하다
O922

unwieldy
다루기 힘든
O923

harness
마구, 동력화하다
O924

manipulate
impossible
교묘하게 조작하다
O925

0876 emphasize
[émfəsàiz]
강조하다(=accentuate, underscore, punctuate), 중시하다; 역설하다
· emphasis 강조(하기), 역점, 중요시; 역점
· lay[place/put] emphasis on ~에 중점을 두다(=focus on)

0877 ultimate
[Áltəmət]
최후의, 궁극적인(=final); 근본적인(=fundamental); 최고의
· ultimately 결국, 궁극적으로(=in the final analysis)
· ultimatum 최후 제안, 최후통첩(=final statement of terms)

0878 culminate
[kÁlmənèit]
절정[최고조]에 이르다, 극에 이르다; ~으로 끝나다(=end)
· culmination 최고점 절정; 정상; 완성(=climax)

0879 nadir
[néidər]
(운명이나 상황에서) 최악의 순간[바닥]; 천저

0880 lapse
[læps]
(두 사건 사이의) 시간의 경과(=interval); 작은 실수; 일탈; 하락
· elapse (시간이) 경과하다(=go by); (시간이) 경과; 짧은 시간

0881 discomfit
[diskÁmfit]
(계획을) 좌절시키다; 당황케 하다(=upset, thwart)
· discomfiture (계획 등의) 실패; 좌절; 당황

0882 dubious
[djúːbiəs]
의심스러운; 모호한, 애매한(=doubtful, questionable, suspicious)
· obvious (누가 봐도) 확실한, 분명한

0883 subside
[səbsáid]
(폭동·폭풍·파도가) 가라앉다, 잠잠해지다(=die down)
· subsidy (국가의) 보조금, 장려금; 교부금

0884 plunge
[plÁndʒ]
떨어지다, 추락하다[into](=plummet); 감자기 ~시작하다[into]

0885 commotion
[kəmóuʃən]
(잠시 시끌벅적한) 소동, 동요(=agitation, riot, turmoil)
· locomotion 운동[력], 이동(=movement); 운전; 교통기관; 여행

0886 morbid
[mɔ́ːrbid]
(정병·죽음에 대한 관심이) 병적인, 소름까치는(=macabre, unhealthy); 병의

0887 bleak
[bliːk]
(전망 등이) 어두운, 암울한(=gloomy, harsh); 작막한, 황량한(=desolate)

0888 derelict
[dérəlìkt]
버려진, 유기된(=deserted, forsaken); 직무 태만의
· relict 생존자; 과부, 미망인; relic (주로 pl.) 유제, 유물; 전적, 유적

0889 ravage
[rǽvidʒ]
파괴[유린]하다(=ruin, havoc) 약탈하다; 파괴, 황폐

0890 invade
[invéid]
침범[침입]하다; 침략하다(=trespass (upon), penetrate)
· invasion 침입, 침략; (병 등의) 내습; 침해
· invasive 침략적인; 침해의

0891 ordinary
[ɔ́ːrdəneri]
보통의, 통상적인, 평범한(=run-of-the-mill, conventional)
· ordinarily 보통, 대개, 통상적으로

0892 extraordinary
[ikstrɔ́ːrdəneri]
이상한, 색다른; 대단한(=phenomenal, singular, uncanny, exceptional)
· extraordinarily 비상하게, 엄청나게, 유별나게

0893 erratic
[irǽtik]
불규칙적인, 변덕스러운(=mercurial); (행동이) 별난(=eccentric)

0894 bizarre
[bizɑ́ːr]
별난; 기묘한, 기이한, 기괴한(=strange, crazy)
· bazaar[bəzɑ́ːr] (종종의) 상점가; 시장; 자선 시장

0895 characteristic
[kæriktərístik]
특질, 특색(=attribute, feature, trait, distinguishing); 특징적인
· characterize 특징이 되다; 특성[성격]을 묘사하다(=distinguish)
· character (개인의) 성격, 인격; (물건의) 특성 등장인물

0896 sloth
[slɔ́θ]
나태, 게으름; 태만(=indolence)
· slothful 나태한; 게으른, 느린, 굼뜬(=lazy)

0897 retard
[ritɑ́ːrd]
(성장·발달을) 지체시키다(=stunt, defer); 방해하다
· tardy 더딘, 느린; 때늦은; (미) 지각한(=late, belated, slow)

0898 prompt
[prɑmpt]
즉각적인, 신속한(=quick); 시간을 엄수하는(=punctual); 부추기다
· promptly 빠르게, 신속히; 즉석에서
· prompting (내부로부터의) 충동; 자극, 격려

0899 makeshift
[méikʃìft]
임시변통의, 임시방편의(=temporary, provisional); 미봉책

0900 extemporize
[ikstémpəràiz]
(사전 준비 없이) 즉석에서 연설[연주]하다(=improvise)
· extempore 준비 없이[없는] 즉석에서(의)(=without preparation)
· extemporaneous 즉석의, 미봉책인(=impromptu, off-the-cuff)

emphasize 강조하다 ○876	**ultimate** 최후의, 궁극의 ○877	**culminate** 절정에 이르다 ○878	**nadir** 바닥 ○879	**lapse** 시간의 경과 ○880

discomfit 좌절시키다 ○881	**dubious** 모호한 ○882	**subside** 잠잠해지다 ○883	**plunge** 떨어지다 ○884	**commotion** 소동 ○885

morbid (죽음에 대한/관심이) 병적인 ○886	**bleak** 암울한, 쓸쓸한 ○887	**derelict** 버려진 ○888	**ravage** 파괴하다 ○889	**invade** 침입하다 ○890

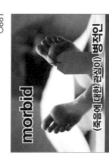

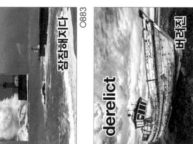

ordinary 보통의, 평범한 ○891	**extraordinary** 색다른 ○892	**erratic** 불규칙한 ○893	**bizarre** 별난, 기이한 ○894	**characteristic** 특색 ○895

sloth 나무늘보, 게으름 ○896	**retard** 지체시키다 ○897	**prompt** 즉각적인, 신속한 ○898	**makeshift** 임시변통의 ○899	**extemporize** 즉석에서 연주하다 ○900

시험에 가장 많이 출제된 TOP 1000 표제어

0851 perfidy
[pə́ːrfədi]
배반, 배신행위(=treachery, disloyalty, betrayal)
· perfidious 배반의, 믿을 수 없는(=disloyal)

0852 betray
[bitréi]
배신하다(=turn against); (적에게) 비밀을 누설하다(=reveal); 무심코 드러내다
· betrayal 배반, 배신(=perfidy); 밀고; 폭로

0853 indignation
[ìndignéiʃən]
(약·부정 따위에 대한) 분개, 분노(=resentment, anger, outrage)
· indignant (약·부정에 대해) 분개한, 성난

0854 revenge
[rivéndʒ]
복수하다[oneself on]; 복수, 앙갚음, 보복(=vengeance)
· take revenge on ~에게 복수하다(=get even with)

0855 atrocity
[ətrásəti]
(보통 pl.) 잔학한 행위; 흉악, 잔학(=brutalities, barbarities)
· atrocious 흉악한, 잔학한; 형편없는, 지독한(=heinous)

0856 intrude
[intrúːd]
침입하다[into](=trespass); 참견하다, 방해하다[in](=intervene in)
· intrusion (의견의) 강요; (장소에의) 침입; 방해
· intrusive 주제넘게 참견하는(=officious), 방해하는; 침입의

0857 intervene
[ìntərvíːn]
중재하다; 간섭하다, 개입하다[in](=intercede); (방해되는 일이) 생기다
· intervention 조정; 중재; 간섭; 개입

0858 meddling
[médliŋ]
참견하는, 간섭하는(=interfering); 간섭
· meddle 간섭하다, 참견하다[in, with]; 손을 대다(=tamper with)
· meddlesome 간섭[참견]하기 좋아하는(=officious)

0859 pugnacious
[pʌɡnéiʃəs]
싸우기 좋아하는(=quarrelsome, combative)
· pugnacity 호전성

0860 eclectic
[ikléktik]
절충적인, 취사선택하는(=selective); (취미 등이) 폭넓은
· selective 선택하는, 선택의(=eclectic)

0861 exonerate
[igzánərèit]
(혐의 등을) 무죄임을 입증하다(=acquit, vindicate); 면제하다
· exoneration (의무의) 면제, 책임의 해제

0862 culpable
[kʌ́lpəbl]
유죄의(=guilty ↔ not guilty, innocent); 비난할 만한, 과실이 있는
· inculpable 나무랄 데 없는, 죄 없는, 결백한
· inculpatory 죄를 씌우는, 비난하는

0863 reprehensible
[rèprihénsəbl]
(행위가 도덕적으로) 비난받을 만한(=blameworthy, heinous)
· reprehend 꾸짖다, 나무라다, 비난하다; reprehension 질책, 견책

0864 vindicate
[víndikèit]
(혐의 등의) 무죄임을 입증하다(=exonerate); 정당성을 입증하다(=prove)
· vindication (비난 등에) 대한 변호, 해명; 정당성

0865 hideous
[hídiəs]
소름 끼치는, 무서운(=dreadful, ugly); 불쾌한, 가증스러운(=repulsive, heinous)

0866 fret
[fret]
초조해하다, 안달하다[over, about](=worry about, fuss about)
· fretful 조바심하는

0867 irksome
[ə́ːrksəm]
짜증나는, 귀찮은, 지루한(=tedious, tiresome)

0868 crave
[kreiv]
간청하다, 갈망하다[for](=desire); (어떤 사정 등이) ~을 필요로 하다
· craving 갈망, 열망(=urge); 갈망하는

0869 dread
[dred]
공포, 불안(=fear, horror, apprehension)
· dreadful 무서운, 두려운; 굉장한(=hideous, appalling)
· dreaded 두려운, 무서운(=formidable)

0870 misgiving
[misgíviŋ]
(종종 pl.) 의심(=distrust), 걱정; 불안감[about](=solicitude, qualm)

0871 profound
[prəfáund]
(영향·느낌·경험·병 등이) 엄청난, 깊은(=deep); (지식이) 심오한
· profundity 심오; 심연; 심원한 문제

0872 inscrutable
[inskrúːtəbl]
(사람이나 표정이) 헤아릴 수 없는(=incomprehensible, enigmatic)
· inscrutability 헤아릴 수 없음, 불가사의함(=untraceability)

0873 meditate
[médətèit]
숙고하다[on]; 명상[묵상]하다(=muse about, reflect)
· meditative 명상에 잠기는; 심사숙고하는(=thoughtful)
· mediate 조정하다, 중재하다(=intervene, intercede), 화해시키다

0874 ponder
[pándər]
숙고하다[on](=think about, consider, muse about, mull over)
· ponderous 지루하고 답답한(=dull); 묵중한

0875 considering
[kənsídəriŋ]
~을 고려하면, ~을 감안하면(=allowing for)
· considerable 중요한, 무시하지 못할; 상당한
· considerate 사려 깊은, 신중한

perfidy 배신, 배신행위
○851

intruded 침입하다
○856

exonerate 무죄임을 입증하다
○861

fret 안달하다
Jurassic World (주연 Chris Pratt 2015)
○866

profound 깊은, 심오한
○871

betray 비밀을 누설하다
○852

intervene 중재하다
○857

culpable 유죄의
GUILTY
○862

irksome 지루한
○867

inscrutable 알 수 없는
○872

indignation 분노
○853

meddling 참견하는
○858

reprehensible 비난받을 만한
○863

crave 갈망하다
○868

meditate 명상하다
○873

revenge 복수하다, 복수
○854

pugnacious 싸우기 좋아하는
○859

vindicate 입증하다
○864

dread 공포, 불안
○869

ponder 숙고하다
The thinker by Rodin
○874

atrocity 잔혹한 행위
○855

eclectic 폭넓은 (취사선택하는)
○860

hideous 소름끼치는
○865

misgiving 걱정, 불안감
○870

considering ~을 감안하면
CHECKLIST
○875

0826 insidious
[ɪnsídiəs]
(병 등이) 잠행성의(=furtive); 교활한, 음흉한
· invidious 비위에 거슬리는, 불쾌한(=arousing dislike)

0827 clandestine
[klændéstin]
은밀한, 암암리의, 남몰래 하는(=covert, secret, surreptitious)

0828 enthralling
[ɪnθrɔ́ːlɪŋ]
마음을 사로잡는, 아주 재미있는(=captivating, riveting)
· enthrall 마음을 사로잡다; 노예로 만들다
· thrall 노예, 속박

0829 riveting
[rívitɪŋ]
매혹적인, 매우 흥미로운(=enthralling, fascinating; very interesting)
· rivet 대갈못을 박다, (시선·주의 등을) 집중시키다(=engross in)

0830 lure
[luər]
(미끼 등으로) 유인하다; 유혹하다(=entice); 유인하는 것, 미끼
· allure (미끼로) 꾀다; 유인하다; 매혹하다(=entice)

0831 propagate
[prάpəgèɪt]
(사상을) 전파하다(=spread, disseminate); (식물을) 번식[증식]시키다
· propagation 번식, 증식; 선전, 전파
· propaganda (허위나 정치적 주장의) 선전, 선전활동

0832 superfluous
[suːpə́rfluəs]
불필요한, 필요 이상의(=unnecessary, needless, excessive)
· superfluity 과다, 과잉; 남아도는 것, 사치품

0833 squander
[skwάndər]
(돈·시간·기회 등을) 낭비하다, 탕진하다(=waste)

0834 widespread
[wáɪdspréd]
널리 보급된, 광범위한(=prevalent, pervasive, pandemic)
· spread 펼치다; 퍼지다(=permeate), 퍼뜨리다(=diffuse, disseminate, propagate)
· spread out 전개되다, 퍼지다(=radiate); (사람 등이) 몸위를 넓히다

0835 scarce
[skeərs]
부족한; 드문, 귀한
· scarcely 거의 ~않다; 간신히
· scarcity 부족, 결핍; 기근(=dearth, famine)

0836 dispense
[dɪspéns]
분배하다, 나누어 주다; (약을 처방에 따라) 조제하다
· dispensary 의무실(=clinic); 약국, 조제실 dispenser 약제사, 조제기, 자판기
· dispense with ~없이 지내다(=do without)

0837 gratis
[ɡrǽtɪs]
무료로, 공짜로(=gratuitously, for nothing)
· gratuitous 무료의, 무상의(=free); 까닭 없는

0838 fend
[fend]
(타격·질문 등을) 받아넘기다, 피하다[off]; 부양하다[for]; 돌보다[for]
· fend off 피하다, 막다; 다가오지 못하게 하다(=ward off, keep away from)
· fend for oneself 자립하다 혼자 꾸려가다(=take care of oneself)

0839 render
[réndər]
~이 되게 하다(=make); 주다(=give); 제출하다(=submit), 연기[연주]하다; 번역하다
· rendition 연주, 공연; 인도, 송환
· rendering 연출; 연주, 번역

0840 impart
[ɪmpάːrt]
(정보·지식 등을) 전하다, 기교 지니다[to](=inculcate)

0841 asset
[ǽset]
(pl.) 자산, 재산; 유용한 자질, 이점

0842 bankrupt
[bǽŋkrʌpt]
파산한, 지불 능력이 없는(=insolvent), 파산자, 파산하다
· go[turn, become] bankrupt 파산하다
· bankruptcy 파산; 도산(=insolvency)

0843 retrieve
[rɪtríːv]
(잃은 것을) 되찾다, 회복하다(=get back); 구출하다(=salvage)
· retrieval 회복, 복구; 구조, 구출
· retrievable 되찾을 수 있는; 만회할 수 있는 ↔ irretrievable 회복할 수 없는

0844 rehabilitation
[rìːhəbìlətéɪʃən]
(장애자의) 재활, (범죄자의) 갱생; (건물의) 재건(=restoration)
· rehabilitate (장애자·범죄자를) 사회 복귀시키다; 복구[재건]하다(=restore)

0845 replenish
[rɪpléniʃ]
다시 채우다, 보충[보급]하다(=fill up again); 공급하다

0846 philanthropic(al)
[fìlənθrάpɪk]
자선의, 인정 많은, 박애(주의)의
· philanthropist 박애주의자; 자선가
· misanthrope 다른 사람들을 싫어하거나 피하는 사람

0847 puritanical
[pjùərɪtǽnɪkəl]
청교도적인; 엄격한; 금욕주의의(=strict, moralistic)
· Puritan 청교도; (종교·도덕적으로) 엄격한 사람

0848 benediction
[bènədíkʃən]
축복; (식전·식후의) 감사기도(=blessing)
· malediction 저주, 악담; 비방, 욕
· valediction 고별(사)

0849 cultivate
[kʌ́ltəvèɪt]
경작하다, 재배하다; 양성하다(=raise); 양성하다, 연마하다(=develop)
· cultivation 경작, 재배, 양식, 배양; 교화; 수양

0850 predator
[prédətər]
육식 동물, 포식동물, 포식자; 약탈자
· predacious / predatory 포식성의, 육식성의(=carnivorous)
· prey (육식동물의) 먹이, 희생자(=victim); 잡아먹다

propagate
Life Times,
Zhang Yimou, 1994
사상을 선전하다
○831

dispense
나누어 주다
○836

asset
자산, 재산
○841

philanthropic
Albert Schweitzer
박애주의의
○846

insidious
진행성의, 교활한
○826

clandestine
남몰래 하는
○827

superfluous
남아도는, 필요 이상의
○832

gratis
무료로
○837

bankrupt
파산한
○842

puritanical
금욕적인
○847

enthralling
아주 재미있는
○828

squander
탕진하다
○833

fend-off
공격을 피하다
○838

retrieve
회수하다, 회복하다
○843

benediction
감사기도
○848

riveting **RIVETING**
rivet 대갈못
매혹적인
○829

widespread
널리 퍼진
○834

render
연주하다, 제공하다
○839

rehabilitation
재활, 갱생
○844

cultivate
경작하다, 재배하다
○849

lure
가짜미끼, 미끼로 유인하다
○830

scarce
부족한, 귀한
○835

impart
가르치다
○840

replenish
다시 채우다
○845

predator
포식자
prey
먹이
○850

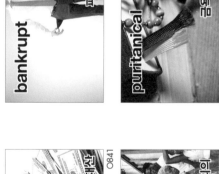

DAY 33

시험에 가장 많이 출제된 **TOP1000 표제어**

0801 affliction
[əflíkʃən]
고통, 고통의 원인; 질병(=misery, anguish)
• afflict (심신을) 괴롭히다(=torment)
• be afflicted with ~에 시달리다

0802 adversity
[ædvə́rsəti]
불운(=misfortune), 불행, 역경; 재난

0803 mishap
[míshæp]
(가벼운) 사고, 재난, 불상사(=misfortune)
• hapless 운이 나쁜, 불운한(=unfortunate, unlucky)

0804 drudgery
[drʌ́dʒəri]
(지루하고 따분한) 고된 일, 싫은 일(=unpleasant work, travail)

0805 grueling
[grúːəliŋ]
(일 등이) 대단히 힘 드는(=extremely difficult, arduous, exhausting)
• gruel 오트밀 죽; (영 · 구어) 엄벌; (구어) 엄벌; 녹초가 되게 하다
• gruesome 소름 끼치는, 섬뜩한(=horrible)

0806 grievance
[gríːvəns]
불만, 고충(사항)(=complaint)
• aggrieved 고민하는, (부당한 처우로) 고통받은(=mistreated); 화가 난

0807 complaint
[kəmpléint]
불평, 불만(거리), 항의; 병, 질환
• complain 불평[항의]하다(=grievance, refrain); (민사상) 소제기; 고발하다
• complainant 불평꾼(=plaintiff) ↔ defendant 피고

0808 disgruntled
[disgrʌ́ntld]
불만에 찬, 언짢은(=dissatisfied)
• disgruntle 기분을 상하게 하다, 불만을 품게 하다

0809 slander
[slǽndər]
비방(=libel, aspersion), 욕설; (법) 구두 명예 훼손; 비방하다

0810 derogatory
[dirɑ́gətɔ̀ːri]
(말 · 표현이 명예를) 깎아내리는, 경멸적인(=contemptuous)

0811 terse
[tə́ːrs]
(말이나 표현이) 간결한; 짧고 무뚝뚝한(=succinct, concise)

0812 garrulous
[gǽrələs]
말 많은, 수다스러운; 장황한(=loquacious, talkative)

0813 flippant
[flípənt]
경박한, 경솔한(=frivolous); (태도 등이) 무례한(=impertinent)
• flip (손 끝 등으로) 툭 던지기; 홱 뒤집다(=turn over); 공중제비

0814 fervent
[fə́rvənt]
열렬한, 강렬한; (감정 따위가) 격렬한(=ardent)
• fervor 열정; 열정, 열의(=zeal); 백열, 무더위
• fervently 열렬하게

0815 obtrusive
[əbtrúːsiv]
툭 나와 있는; 눈에 띄는; 참견하고 나서는, 주제넘은
• obtrude 쑥 내밀다(=emerge, thrust forward); 참견하고 나서다
• unobtrusive 주제넘지 않은; 겸손한, 삼가는

0816 indefatigable
[ìndifǽtigəbl]
포기할 줄 모르는; 지치지 않는(=untiring, tireless)
• fatigue 피로, 피곤(=exhaustion); 피곤하게 하다

0817 sophisticated
[səfístəkèitid]
매우 복잡한; 정교한(=complicated); 복잡한, 지적인
• unsophisticated 단순한, 소박한; 복잡정교하지 않은

0818 elaborate
[ilǽbərət]
정성 들인; 정교한(=sophisticated), 복잡한; 상세히 말하다
• elaborative 공들여만든, 정교한, 고심한

0819 corroborate
[kərɑ́bərèit]
(이론 등을) 확증하다(=confirm); (증거로) 보강하다(=back up)
• corroboration 확증; 확증적인 사실, 보강 증거

0820 innovation
[ìnəvéiʃən]
혁신, 쇄신; 기술 혁신
• innovative 혁신적인(=inventive); innovator 혁신자, 개발자
• renovate (낡은 것을) 쇄신하다(=revamp)

0821 beguile
[bigáil]
매혹하다(=captivate, entice, allure); 구슬리다; (어린아들을) 기쁘게 하다

0822 swindle
[swíndl]
사취하다, 남을 속이다(=hoax); 사기, 속임수
• swindler 사기꾼; 협잡꾼(=finagler)

0823 fraud
[frɔ́ːd]
사기, 기만; 가짜
• fraudulent 사기의, 부정행위의 fraudulently 사기로(=deceitfully)
• defraud 속이다(=cheat); 속여서 빼앗다, 횡령하다(=deprive)

0824 tout
[táut]
(제품 · 서비스를) 광고[홍보]하다[for](=brag publicly about, loudly trumpet)

0825 pretext
[príːtekst]
구실, 변명, 핑계(=excuse, subterfuge)
• under the pretext of ~이라는 구실로(=under the guise[cover, pretense] of)

affliction
고통, 고통의 원인
O8O1

grueling
녹초로 만드는
O8O5

drudgery
지루하고 따분한 일
O8O4

mishap
가벼운 사고
O8O3

adversity
불운, 불행
O8O2

grievance
불만, 고충
O8O6

derogatory
경멸적인
O81O

slander
비방, 명예훼손
O8O9

disgruntled
불만을 품은
O8O8

complaint
불평, 항의
O8O7

terse
WORDS
간결한
O811

obtrusive
툭어나온, 주제넘은
O815

fervent
열렬한
O814

flippant
경박한, 무례한
O813

garrulous
말 많은
O812

innovation
혁신
O82O

corroborate
증거로 보강하다
O819

elaborate
정교한
O818

sophisticated
정교한
O817

indefatigable
지치지 않는
O816

pretext
변명, 구실
O825

tout
홍보하다
O824

FRAUD
사기
O823

swindle
사취하다, 속이다
O822

beguile
매혹하다
O821

0776 succulent
[sʌ́kjulənt]

(과일 등이) 즙이 많은, 물기가 많은(=juicy)

0777 odorous
[óudərəs]

향기로운; 냄새가 있는(=fragrant, aromatic)
· odo(u)r 냄새, 악취; 기미, 낌새(=smell)

0778 subtle
[sʌ́tl]

(알 수 없을 정도로) 미세한; 묽은; 희박한; 정교한
· subtlety 희박; 미묘, 신비; 불가사의

0779 delicate
[délikət]

연약한, 깨지기 쉬운(=feeble, fragile, frail); (문제가) 민감한(=sensitive)
· delicacy 맛있는 것, 진미; 섬세, 미묘, 연약
· delicious 맛있는, 유쾌한

0780 voracious
[vɔːréiʃəs]

식욕이 왕성한; 탐욕스런(=gluttonous); 열성이 대단한(=enthusiastic)
· voracity 대식, 폭식; 탐욕

0781 promulgate
[prάməlgèit]

(법률 등을) 공표하다(=officially declare, announce, make known)
· promulgation 공포, 선포(=proclamation)

0782 declare
[diklέər]

선언[선포]하다(=promulgate); 단언하다(=strongly state); (세관에) 신고하다
· declaration 선언, 발표(=statement, announcement); (세관 등의) 신고서

0783 proclaim
[proukléim]

선언[공표]하다, 정식 포고하다(=declare, publicize, trumpet)
· proclamation 선포, 공포, 포고, 성명서(=promulgation)

0784 claim
[kleim]

(사실이라고) 주장하다, (권리를) 주장하다, (보상을) 요구하다(=demand); 권리 주장
· baggage claim 수하물(짐) 찾는 곳
· claimant 요구자, 신청인; 원고

0785 disclaimer
[diskléimər]

(방송 등에서) 면책을 표시하는 경고 문구; 부인, 거부, 포기
· disclaim (책임·관계 따위를) 부인하다(=deny)
· disclamation 부인, 거부[행위]; 권리의 포기

0786 enunciate
[inʌ́nsièit]

(뜻밖의) 발음하다; (생각을 명확히) 밝히다(=articulate)
· enunciation 발음, 명확한 진술

0787 denounce
[dináuns]

(공적으로) 맹렬히 비난하다(=condemn, excoriate)
· denunciate 공공연히 비난하다, 규탄하다
· denunciation 탄핵, 비난; 고발; (조약의) 폐기 통고

0788 evince
[ivíns]

(감정을) 분명히 밝히다(=show clearly, clarify, demonstrate); (능력을) 발휘하다
· evincive 명시적인; 증명하는

0789 perspicuous
[pərspíkjuəs]

(언어·문체 등이) 명쾌한, 명료한(=clear)
· perspicuity (언어·문체의) 명확함, 명료함(=lucidity)
· perspicacious 선견지명이 있는, 통찰력이 있는; 총명한

0790 reject
[ridʒékt]

거절하다, 각하하다(=turn down, spurn, rebuff, veto, dismiss, refuse)
· rejection 거절(=renunciation), 폐기, 부결
· turn down 거절하다(=reject, refuse); (소리, 불 등을) 줄이다(=turn up)

0791 dissuade
[diswéid]

(설득하여) 단념시키다(=from)(=deter)
· dissuade A from ~ing A 가 ~하는 것을 단념시키다
· persuade ~하도록 설득하다(=induce)

0792 discord
[dískɔːrd]

불화, 다툼, 알력, 불일치(=conflict); 불협화음
· discordance 부조화, 불일치; 불화
· discordant 일치하지 않는, 귀에 거슬리는

0793 consensus
[kənsénsəs]

여론, 대다수의 의견; (의견 등의) 일치, 합의
· consensual 합의상의, 합의에 의한

0794 absolute
[ǽbsəlùːt]

(진리 등이) 절대적인(↔relative), 의심의 여지가 없는; 완전한, 독재적인
· absolutism 전제주의, 독재주의, 전제정치
· absolutely 절대적으로, 무조건으로; 완전히; 그렇고 말고

0795 forthright
[fɔ́ːrθràit]

단도직입적인, 솔직한(=frank and direct, candid); 똑바로 앞으로
· right 옳은, 정확한; 오른쪽의; 똑바로

0796 insinuate
[insínjuèit]

(불쾌한 일을) 넌지시 말하다, 암시하다(=suggest indirectly, imply)
· insinuation 암시, 풍자, 빗댐

0797 implicate
[ímplikèit]

(범죄에) 관련시키다, 연루시키다
· be implicated in ~에 연루되다(=be involved in, be entangled in)
· implication 연루, 연좌; 관련; 함축(=connotation), 내포, 암시

0798 inculcate
[inkʌ́lkeit]

(사상 등을) 주입하다, 되풀이하여 가르치다(=infuse, indoctrinate, impart)
· inculcation 주입, 터득시킴

0799 digressive
[daigrésiv]

주제를 벗어나기 쉬운, 지엽적인(=deflectable, rambling, tangential)
· digress (화제·논지 등이 본론에서) 벗어나다; 탈선하다
· digression 본론[주제]를 벗어남; 탈선

0800 desultory
[désəltɔ̀ːri]

(말이나 행동이) 두서없는, 종잡을 수 없는(=unmethodical)
· desultorily 산만하게, 두서없이

succulent 즙이 많은  O776

odorous 향기로운 O777

subtle 미세한, 묽은  O778

delicate 깨지기 쉬운 O779

voracious 게걸스럽게 먹는 O780

promulgate 공포하다 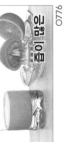 O781

declare 세관에 신고하다 O782

proclaim 선언하다  O783

Baggage Claim 수하물 찾는 곳 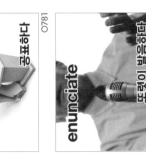 O784

disclaimer CONTENT DISCLAIMER 면책표시, 경고문구 O785

enunciate 또렷이 발음하다    O786

denounce 맹렬히 비난하다 O787

evince 분명히 보여주다     O788

perspicuous 명료한 O789

reject turn thumbs up 찬성하다 / turn thumbs down 거부 의사를 나타내다 / 거절하다  O790

dissuade 절대 하면 안돼! 알았어... 설득하여 단념시키다    O791

discord 불화, 다툼 O792

consensus turn thumbs up 찬성하다 / 여론, 대다수의 의견  O793

absolute No opinion 2% — Favor 7% — Oppose 91% 절대적인 O794

forthright 단도직입적인   O795

insinuate 교묘하게 환심을 사다  O796

implicate 범죄에 연루시키다 O797

inculcate 주입하다  O798

digressive 주제를 벗어나기 쉬운  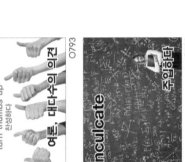 O799

desultory 일이 두서없는 O800

0751 ingenious
[indʒíːnjəs]
- 재치 있는, 영리한(=clever); 창의력이 있는
- ingenuity 영리함(=cleverness), genius 천재; 비범한 재능; 특질, 경향
- ingenuous 구김살이 없는(=artless); 순진한(=naive)

0752 imaginative
[imǽdʒənətiv]
- 상상력이 풍부한, 상상하기 좋아하는; 상상의, 가공의
- imaginary 상상의, 가공의; (수학) 허수의 imaginable 상상할 수 있는
- imagination 상상; 상상력 창작력; 공상

0753 conceive
[kənsíːv]
- (무엇 무엇을) 상상생각)하다[of]; (새로운 것을) 생각해 내다, 창안하다
- concept 개념(=notion), 구상; 발상 conception 개념; 구상, 착상; 임신

0754 sagacious
[səgéiʃəs]
- 현명한, 영리한, 슬기로운(=wise, discerning)
- sagacity 현명; 총명 sage 슬기로운, 현명한; 현명한 체하는; 현인, 철인

0755 imply
[implái]
- 암시하다, 넌지시 비추다(=suggest, insinuate); 뜻을 내포하다, 함축하다
- implicit 함축적인; 내재하는

0756 acquaint
[əkwéint]
- 정통하게 하다, 알게 하다(=familiarize); 알리다, 소개하다(=inform)
- acquainted 정통하고 있는; 사귀는 acquaintance 친지, 면식, 교우관계
- quaint 예스러워 흥취 있는; 기묘한, 별난

0757 nimble
[nímbl]
- (손이나 동작이) 빠른, 날렵한(=agile, quick-moving); 영리한
- nimbleness 민첩함(=agility)

0758 keen
[kiːn]
- 간절한, 열렬히 ~하고 싶은[on]; 열정적인; 예리한(=sharp, acute); 통렬한
- keenly 날카롭게, 예리하게

0759 vehement
[víːəmənt]
- (흥미, 반대가) 격렬한, 맹렬한(=forceful)
- vehemently 열정적으로; 격렬하게(=strenuously, hotly)

0760 astound
[əstáund]
- 몹시 놀라게 하다, 망연자실하게 하다(=surprise, perplex)
- be astounded by[at] ~에 몹시 놀라다
- astounding 몹시 놀라게 하는 astonishing 정말 놀라운; 믿기 힘든

0761 disguise
[disɡáiz]
- 변장(위장)시키다, 가장하다(=masquerade); (감정을) 숨기다, 감추다(=hide)
- guise 외관, 겉모습; 가장, 변장
- under the guise of ~을 빙자하여(=under the pretense of)

0762 mock
[mɑk]
- (흉내 내며) 조롱하다; 깔보다, 무시하다(=scorn, deride)
- mockery 조롱(=taunt) 놀림, 모욕거리; 가짜

0763 grudge
[ɡrʌdʒ]
- 원한, 앙심, 유감(=unfriendly feeling); ~하기 싫어하다
- grudging 인색한; 달갑지 않는, 싫어하는
- grudgingly 마지못해, 억지로(=unwillingly, reluctantly)

0764 soothe
[suːð]
- 진정시키다, 달래다(=calm, comfort, appease)
- soothing 달래는; 진정시키는

0765 defuse
[diːfjúːz]
- 위기를 해제하다, 진정시키다(=alleviate, calm)
- fuse (전기) 퓨즈 (폭약의) 도화선; 녹이다, 녹다, 융합시키다
- diffuse 퍼뜨리다, 보급시키다; 흩어지다

0766 occupation
[àkjupéiʃən]
- 직업, 업무(=walk of life); 종사; 제작(기간), 임기; 점유
- occupy (장소를) 차지하다; 점유하다; 종사하다
- unoccupied 임자가 없는, 사람이 살지 않는(=uninhabited), 공석인

0767 release
[rilíːs]
- 풀어주다(=set free, exonerate, emancipate); 개봉(공개)하다; 배출하다
- lease 임대하다(계약), 리스; 임차(임대)하다

0768 submit
[səbmít]
- (서류 · 제안서를) 제출하다(=hand in, turn in)
- submission 복종, 굴복; 순종
- submissive 복종하는, 고분고분한(=acquiescent)

0769 infringe
[infrínʤ]
- (권리를) 침해하다[on](=trespass on, encroach upon)
- infringement (법의) 위반; (특허권 등의) 침해(=encroachment)

0770 landmark
[lǽndmɑːrk]
- (발 등의) 경계표; 지역의 대표적 건물이나 장소; 획기적인 사건(=milestone)

0771 stumble
[stʌmbl]
- 발이 걸리다, 비틀거리다(=trip); 실수하다(=fail)
- accelerate 가속하다(=speed up); 빨라지다; 촉진하다(=precipitate)

0772 decelerate
[disélərèit]
- 속도를 줄이다, 감속하다
- accelerate 가속하다(=speed up); 빨라지다; 촉진하다(=precipitate)

0773 impasse
[ímpæs]
- 교착상태, 답보상태(=deadlock, dilemma); 막다른 골목

0774 deadlock
[dédlɑk]
- (교섭 따위의) 막다른 상태, 교착상태(=impasse, standstill, standoff)

0775 obdurate
[ɑbdjurit]
- 고집 센, 고집불통의
- obduracy 고집, 완고함

ingenious — 영리한, 창의적인

IDEA
O751

imaginative — 상상력이 풍부한
O752

conceive — 생각해내다
idea
O753

sagacious — 슬기로운
O754

imply — 암시하다
태워주세요…
O755

acquaint — 알게 하다, 소개하다
O756

nimble — 날렵한
O757

keen — 좋아하는, 열렬한
O758

vehement — 격렬한
O759

astound — 몹시 놀라게 하다
The Scream
O760

disguise — 변장하다
O761

mock — 조롱하다, 깔보다
O762

grudge — 원한, 앙심
O763

soothe — 달래다
O764

defuse — 위기를 해제하다
O765

occupation — 직업, 종사
O766

release — 놓아주다
O767

submit — 제출하다
O768

infringe — 침해하다
PIRACY illegal download
O769

landmark — 대표적인 건물
O770

decelerate — 감속하다
SLOW SPEED HUMPS
O771

stumble — 발을 헛디디다
O772

impasse — 교착상태, 막다른 골목
O773

deadlock — 교착상태
O774

obdurate — 고집 센
O775

0726 defect
[díːfekt]
- 결점, 결함, 약점(=flaw, foible); 결손, 부족액
- defective 결함이 있는(=faulty); 심신장애자; 불량품
- defection 이탈; 탈당

0727 blunder
[blʌ́ndər]
- 어리석은 실수(=mistake); (부주의 등으로) 어이없는 실수를 저지르다
- make[commit] a blunder 어처구니없는 실수를 내다[out]

0728 collapse
[kəlǽps]
- 붕괴, 폭락; 계획의 실패(=failure, breakdown); (건물 등이) 무너지다(=fall)

0729 thwart
[θwɔːrt]
- 훼방 놓다, 방해하다, 좌절시키다(=hinder, discomfit, baffle, stymie)

0730 frustration
[frʌstréiʃən]
- 좌절(감), 욕구불만; 좌절시킴(=setback)
- frustrate 좌절시키다; 좌절감 나게 만들다
- frustrated 좌절스러워하는, 좌절한; 욕구불만의

0731 diagnosis
[dàiəgnóusis]
- (의사의) 진찰, 진단
- diagnose 병을 진단하다; 원인을 규명하다
- diagnostic 진단(법)의; 특징적인; (병의) 특징

0732 aftermath
[ǽftərmæθ]
- 직후(= ~의 여파, 결과[after])
- in the aftermath of ~의 결과로[여파로]
- the immediate aftermath of ~의 직접적인 여파

0733 revision
[rivíʒən]
- 개정, 개정판; 교정, 수정, 정정; (영향·기억·견해를) 바꾸다(=convert)
- revise 개정하다; 교정하다; 정정[개정, 정정]하다(=revamp, amend)

0734 shift
[ʃift]
- 변화, 변경(=change, alteration); 교대 근무; (방향·기어·견해를) 바꾸다(=convert)
- shifting 이동하는(=moving), 바뀌는; 변하기 쉬운, 유동적인, 이동
- shifty 꾀가 많은; 교활한; 믿을 수 없는 shiftless 게으른, 의욕 없는

0735 setback
[sétbæk]
- (일·진행의) 걸림돌, 차질; 좌절, 실패(=frustration, letdown)
- set back 좌절시키다(=hinder), 퇴보시키다, 늦추다

0736 encounter
[inkáuntər]
- (위험·어려움 등에) 맞닥뜨리다(=meet with); 우연히 만나다(=come across)
- come across ~을 (뜻밖에) 만나다(=encounter), (우연히) 발견하다

0737 confront
[kənfrʌ́nt]
- (힘든 상황에) 직면하게 하다; (문제나 곤란한 상황에) 맞서다
- be confronted with ~에 직면하다(=be faced with, come up against)
- confrontation 직면, 대립; 대결

0738 revoke
[rivóuk]
- 취소[철회]하다(=withdraw, retract, overturn); 폐지하다(=repeal, abrogate)
- revocable 폐지[취소]할 수 있는 ~ irrevocable 변경할 수 없는, 철회할 수 없는
- irrevocably 번복될 수 없음, 취소 불가능하게(=irreversibly)
- irrevocability

0739 tentative
[téntətiv]
- 시험 삼아 하는, 임시의, 잠정적인(=temporary, provisional)
- tentatively 시험삼아으로; 망설이며(=conditionally)

0740 precaution
[prikɔ́ːʃən]
- 사전 대책, 예방 조치; (pl.) 피임
- take precaution 조심하다 / take precautions against 인전책을 강구하다
- precautious 조심하는, 신중한

0741 probe
[proub]
- 캐묻다, 조사하다[into](=investigate); 탐사하다; 철저한 조사(=reconnaissance)
- prove 입증[증명]하다(=attest), 시험하다; ~임이 판명되다

0742 ransack
[rǽnsæk]
- 뒤지다, 샅샅이 살펴보다(=scour); 약탈하다(=rob, loot)
- sack 약탈하다; (물건을) 잡아넣다; 노략질; 자루; 침낭; 해고(하다)(=fire)

0743 sanction
[sǽŋkʃən]
- (집·후주머니 등) 승인[인정]하다(=approval); 도덕적[사회적] 구속력; 제재(=punishment)
- sanctity 존엄, 신성함

0744 contingent
[kəntíndʒənt]
- (~에) 달려있는, 여부에 따르는[on, upon](=depend on); 불확정의; 우연
- contingency (사건의) 우연성, 우발; 부수사건

0745 qualify
[kwɔ́ːləfài]
- 자격을 얻다, ~을 자격이 있는; 자격증을 주다; (의미를) 한정하다
- qualified 자격 있는 ~ unqualified; 조건부의; 제한된(=limited)
- disqualify 실격시키다; 부적격자로 판정하다

0746 incumbent
[inkʌ́mbənt]
- 의무로서 지워지는, 의무에 따르는[on, upon](=obligatory); 현직자(=current office-holder)
- recumbent 비스듬히 기댄; 드러누운; 활발치 못한, 태만한

0747 procrastinate
[proukrǽstənèit]
- 늑장부리다, 꾸물거리다(=dawdle), 미루다(=put off, postpone)
- procrastination 미루는 버릇; 지연, 연기
- procrastinating 질질 끄는(=idle)

0748 resistant
[rizístənt]
- 저항하는, 반대하는[to]; 저항력이 있는, ~에 잘 견디는[강한][to]
- resistance 저항; 반대; 레지스탕스
- resist ~에 저항하다; 반대하다; 참다 nonresistance 무저항

0749 strain
[strein]
- 잡아당기다, 팽팽하게 하다; (심신의) 긴장(=tension)
- strained 긴장한; 강요한; 절박한

0750 vain
[vein]
- 헛된, 헛수고의(=futile); 자만심이 강한; 허영적인
- vanity 허영심 지만심; 자랑거리
- vainglorious 자만심[허영심]이 강한(=haughty, conceited)

frustration
좌절감
0730

setback
걸림돌
0735

precaution
예방 조치
0740

qualify
자격을 얻다
CERTIFIED
0745

vain
헛수고의
0750

thwart
훼방 놓다
0729

shift
교대 근무, 변화
0734

tentative
agreement
잠정 협정
0739

contingent on
the weather
날씨에 달려 있는
0744

strain
잡아당기다, 긴장
0749

collapse
붕괴, 폭락
0728

revision
revise
breakfast, sitting under the huge gree
n set up outside the café on the upper
he morning, the sun already blazing
with the scent of 개정, 교정
was
0733

revoke
취소하다, 폐지하다
0738

sanction
인가, 승인
0743

resistant
저항하는
Defiance(2008)
0748

blunder
어리석은 실수
0727

aftermath
여파
0732

confront
당당히 맞서다
0737

ransack
샅샅이 뒤지다, 빼앗다
0742

procrastinate
미루다
0747

defect
결함
Error
0726

diagnosis
진찰, 진단
0731

encounter
맞닥뜨리다
0736

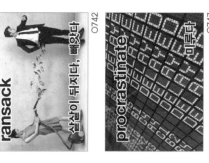

probe
조사하다
0741

incumbent
현직자
0746

0701 congregate
[kάŋgrigèit]
- 모이다; 집합하다; 많이 모으다(=flock, assemble, gather together)
- congregation 모임; 집합; (종교적) 집회

0702 amalgam
[əmǽlgəm]
- 혼합물; 결합물(=combination)
- amalgamate 합병시키다; 혼합하다; 융합하다
- amalgamation 결합; 합병

0703 assimilate
[əsíməlèit]
- 동화되다[시키다][into]; (지식 것으로) 흡수하다, 소화하다
- assimilation 동화, 동화 작용; 흡수
- dissimilate 같지 않게 하다 dissimilation 이화(異化) (작용)

0704 impervious
[impə́rviəs]
- 통과시키지 않는[시키다][to](=impenetrable); ~에 영향받지 않는[to](=resistant)
- pervious 투과시키는, 통과시키는

0705 soaked
[soukt]
- 흠뻑 젖은; 잠겨있는; 진득 취한(=drenched, soggy)
- soak (액체 속에) 푹 담그다, 흠뻑 적시다; 젖다
- soaking 흠뻑 젖음; 흠뻑 젖기(=saturation)

0706 concert
[kάnsərt]
- 협조, 제휴, 협력; 일치, 조화(=agreement)
- in concert with ~의, 제휴협력하여, 일치하여
- concerted 합의된, 합의된, 일치된

0707 holistic
[hòulístik]
- 전체론의, 전체적인; (마취 등이) 전신용의
- holism (철학) 전체론, 전체설

0708 solidify
[səlídəfài]
- 굳어지다; 굳어지다; (저력을) 확고히 하다(=strengthen)
- solid 고체의; 단단한, 견고한; 고체
- solidarity 결속, 단결; 연대, 연대 책임

0709 hybrid
[háibrid]
- 잡종의; 혼성의(=mixed); 잡종, 혼성물
- hybridity 잡종성

0710 ramification
[ræməfikéiʃən]
- 가지, 지류(=branch); 세분화; (예기치 못한) 결과(=consequence, result)
- ramify 가지를 내다; 분기하다

0711 alienate
[éiljənèit]
- 사이를 멀어지게 하다, 이간질하다(=alienate, disaffect)
- alienation 이간, 불화; 소외; 양도(=estrangement)
- inalienable 양도할 수 없는

0712 estrange
[istréindʒ]
- 사이를 멀어지게 하다, 이간절하다(=alienate, disaffect)
- estrangement (관계의) 소원; (부부간의) 별거 (기간)(=alienation)
- estranged 소원해진, 사이가 틀어진

0713 delegate
[déligət, -gèit]
- (권한 등을) 위임하다; 대표로 보내다(=assign, deputize), 파견하다(=depute); 대표, 사절
- delegation (권한의) 위임; 대표단; 대리위원; 위임
- delegacy 대표 임명; 사절단

0714 supersede
[sùpərsíːd]
- (낡은 것을 새로운 것이) 대체하다[대신하다](=replace, supplant, take the place of)
- be superseded by ~에 의해 대체되다(=be replaced by)

0715 irreplaceable
[ìripléisəbl]
- (너무 특별해서) 대체[대신]할 수 없는
- replace 대신하다(=supplant); ~의 후임자가 되다; 바꾸다
- replacement 반환; 복직; 교체, 교환; 대체물, 보충병

0716 perjure
[pə́rdʒər]
- (선서 후에) 위증하다[~oneself]; 맹세하다(=bear false witness)
- perjury 위증, 위증죄(=lying under oath)

0717 fake
[feik]
- 모조품, 위조품; 가짜; 사기; 가짜의(=spurious); 위조하다, 날조하다
- fakery 가짜, 모조품(=pinchbeck)

0718 fabrication
[fæbrikéiʃən]
- (속이기 위해) 꾸며낸 말(=invention, lie)
- fabricate 만들다, 조립하다; 꾸며내다, 조작하다(=make)
- fabricated 허구의, 조작된(=trumped-up) fabric 직물, 천; 구조, 조직

0719 incredible
[inkrédəbl]
- (믿기 어려울 만큼 훌륭한(=amazing); 믿어지지 않는(=unbelievable)
- credible 신용할 수 있는, 확실한 credibility 진실성; 확실성

0720 pseudonym
[súːdənìm]
- (필명이나 이중 등의) 가짜 이름(=pen name, an assumed name)
- autonym 본명; 실명(으로 낸 저작)

0721 bona fide
[bóunə-fáid]
- 진실된, 진짜의; 진정한(=genuine); 선의의; 성실한

0722 testify
[téstəfài]
- 증명[입증]하다; 증거가 되다; 증언이 되다
- testification 입증; 증언; 증거
- testimony (법정에서) 증언(=proof) testament 증거물(=evidence); 유언(장); 성서

0723 verify
[vérəfài]
- (진실인지 여부를) 확인하다(=confirm); 증명[입증]하다
- verifiable 확인할 수 있는, 실증할 수 있는
- verification 증명; 입증; 증거; 근거

0724 verdict
[və́rdikt]
- (배심원단의) 평결; (구어) 판정, 판단(=judgment, decision)
- render a verdict 평결을 내리다

0725 defend
[difénd]
- 방어하다; 방호하다, 옹호하다(=stand up for)
- defendant (주로 민사 소송에서의) 피고(인) (↔ plaintiff 원고)
- defense 방어, 변호, 변론; 수비; (the~) 피고측 defensive 방어적인; 수비의

congregate 모이다
0701

concert 협력, 조화, 콘서트
0706

alienate 소외감을 느끼게 하다
0711

perjure 위증하다
0716

Bonafide bona fide 진실된, 정직한
0721

amalgam 결합물
0702

holistic 전체의
0707

estrange 사이를 멀어지게 하다
0712

fake 모조품, 가짜
0717

testify 증언하다, 증명하다
0722

assimilate 동화되다
0703

solidify 굳히다
0708

delegate 파견하다, 위임하다
0713

fabrication 꾸며낸 말
0718

verify 진실인지 확인하다
0723

impervious 물을 통과시키지 않는
0704

hybrid 잡종의, 혼성의
FOSSIL FUEL 화석연료 ELECTRIC 전기
0709

supersede 대체하다
0714

incredible 놀라운, 훌륭한
0719

verdict The Jury not guilty! 무죄 배심원 평결
0724

soaked 흠뻑 젖은
0705

ramification 가지, 분기
0710

replace 대신하다
0715

pseudonym Who am I ? 가짜 이름
0720

defend 변호하다
0725

0676 novice
[nάvis]
• 초심자, 신출내기, 풋내기
  - nova 신성(新星)

0677 adolescence
[ædəlésns]
• 사춘기(=puberty)
  - adolescent 사춘기의, 청소년의(=growing); 청소년

0678 burgeoning
[bə́ːrdʒəniŋ]
• 급증하는, 급성장하는(=flourishing, growing, quickly developing); 청년성
  - burgeon 싹이 트다 → 갑자기 출현[발전]하다 n. 움, 눈, 새싹

0679 onset
[άnsèt]
• (싫은 것의) 시작; (병의) 발병(=beginning); 습격, 공격
  - outset(άutsèt) 시작, 발단

0680 evolve
[ivάlv]
• (논리 · 의견 · 계획 등을) 서서히 발전시키다(=develop); 진화하다
  - evolution 발달, 발전, 진전; 진화

0681 raise
[reiz]
• ~을 들어 올리다; 세우다; 높이다, 늘리다(=boost); (아이를) 제기하다, 기르다
  - rise (것들이) 오르다 arise (것들사) 사건이 발생하다 arouse (타동사) 야기하다

0682 breed
[briːd]
• (새끼를) 낳다, (알을) 까다(=mar); (아이를) 바릇없이 기르다; 무패집다(=discipline)
  - breeding 번식, 부화, 사육, 양육(=reproduction)
  - brood 한 배의 병아리, 새끼; 종족, 품종; 곰곰이 생각하다; (아든 동이) 뒤덮다

0683 spoil
[spɔil]
• 망치다, 못쓰게 만들다(=mar); (아이를) 바릇없이 기르다; 전리품
  - spoilation 약탈, 노획 spoilage 손상, 앙자기는; 손상물 spoiler 약탈자, (영화) 스포일러
  - spoiled 상한, 썩은; 바릇없는(=adulterated, rancid)

0684 chasten
[tʃéisn]
• 잘못을 깨닫게 하다, 받아들여 바로잡다(=discipline)
  - chaste (육체적으로) 순결한, 정숙한; 순수한
  - chastise 혼내다, 질책하다; 몹시 비난하다(=discipline, castigate)

0685 penitent
[pénətənt]
• 회개하는, 뉘우치는(=repentant, apologetic)
  - penitence 회개, 참회(=remorse, contrition)
  - impenitent 회개하지 않는

0686 corrupt
[kərΛpt]
• 타락한, 부도덕한; 부패한(=depraved); 타락시키다
  - corruption 타락, 매수; 부패; 개악
  - corruptible 타락[부패]하기 쉬운 → incorruptible 매수되지 않는, 청렴결백한

0687 sinister
[sínistər]
• 불길한; 재수 없는; 사악해 보이는

0688 avoid
[əvɔid]
• (의식적으로) 회피하다[피하다](=circumvent, shun, avert, steer clear of); 미리 예방하다
  - avoidable 피할 수 있는
  - unavoidable 불가피한(=inevitable), 어쩔 수 없는(=compelling)

0689 abstain
[æbstéin]
• 삼가다, 절제하다, 끊다[from](=hold back, refrain)
  - abstinent 절제 있는, 금욕적인(=celibate, sober)
  - abstemious 절제하는, 삼가는

0690 succumb
[səkΛm]
• 굴복하다[to](=surrender, yield to, give in to); 쓰러지다, 죽다(=perish)
  - give in (to) 항복하다, 굴복하다, 양보하다
  - give way (to) 지다; ~에게 자리를 내주다

0691 exalt
[igzɔːlt]
• 칭찬하다, 찬양하다(=extol, glorify); 승진시키다(=promote)
  - exalted 고귀한; 기뻐 날뛰는, 의기양양한
  - exaltation 고양; 승진; 찬양

0692 extend
[iksténd]
• (몸 · 손발을) 뻗다 (기간을) 연장하다; 확장하다; (환영의 의사를) 나타내다
  - extend a warm welcome 따뜻하게 맞이하다
  - extent (크기 · 중요성 등의) 정도(=degree), 크기, 규모; 범위, 한계

0693 stimulate
[stímjulèit]
• 자극하다, 활기 띠게 하다(=incite, fuel, spur); 고무되다
  - stimulus 자극, 자극(=incentive); 흥분제; 침

0694 spur
[spəːr]
• 박차를 가하다; 격려하다, 자극하다(=galvanize, stimulate); 박차, 자극
  - on the spur of the moment 아무 생각 없이 당장
  - on the spur 전속력으로, 매우 급히

0695 vie
[vai]
• 우열을 다투다, 경쟁하다(=compete)
  - vie for sth ~을 놓고 경쟁하다(=compete for)
  - vie with sb (for sth) (~을 두고) ~와 경쟁하다(=compete with)

0696 progeny
[prάdʒəni]
• (집합적) 자손, 후계자(=offspring)
  - progenitor 선구자; 조상(=originator)

0697 inherit
[inhérit]
• 물려받다 상속하다, 물려받다; (전임자로부터) 인계받다
  - inherited 물려받은, 유전적인(=native)
  - inheritable 상속할 수 있는, 유전되는 inheritance 상속재산; 유전(=heredity)

0698 intrinsic(al)
[intrínsik]
• (재산 등을) 상속하는(=inherent, underlying); 본질적인
  - extrinsic 외부의; 비본질적인

0699 demise
[dimáiz]
• 죽음, 사망(=death); (제도 · 사상 · 기업 등의) 소멸(=disappearance); 유증
  - demission 사직, 퇴위; 면직

0700 habitat
[hǽbitæt]
• (동식물의) 서식지; 거주지, 주소

expert | novice
숙련자 / 초보자, 풋내기 0676

adolescence
사춘기 0677

burgeoning
급성장하는 Dubai 0678

The onset of old age
(노화의) 시작 0679

evolve
서서히 발전시키다, 진화하다 0680

raise
기르다 0681

breed
얼을 까다, 기르다 0682

spoil
아이를 버릇없이 기르다 0683

chasten
잘못을 깨닫게 하다 0684

penitent
뉘우치는 0685

corrupt
타락한, 부패한 0686

sinister
불길한 0687

avoid
피하다 0688

abstain
끊다 0689

succumb
굴복하다 0690

exalt
칭송하다 0691

extend
손발을 뻗다, (환영의)손을 내밀다 0692

stimulate
자극하다 acupuncture 침술 0693

spur
박차, 박차를 가하다 0694

vie
경쟁하다 0695

progeny
자손, 후계자 0696

inherit
물려받다, 인계하다 0697

intrinsic
intrinsic value 본질적 가치
내재하는, 본질적인 0698

demise
죽음, 서거 0699

habitat
거주지, 서식지 0700

0651 dissent [disént]
의견을 달리하다, 반대하다[from]; 반대, 반대 의견
· dissenting 의견을 달리하는, 반대하는(=disagreeing, opposite)
· dissension / dissention 의견의 차이; 불일치(=strong disagreement)

0652 contradict [kàntrədíkt]
부정[부인]하다(=deny); 반박하다, 항변하다; 모순되다
· contradiction 반박; 부인, 부정
· contradictory 모순된, 양립하지 않는

0653 discrepancy [diskrépənsi]
(같아야 할 것들 사이의) 차이, 불일치, 괴리(=difference)
· discrepant 상위한, 일치하지 않는, 모순되는

0654 contrary [kántreri]
반대, 정반대, 상반되는 것(=opposition, opposite); 정반대편의 항동하는
· on the contrary 그와는 반대로, 이와 반대로, 그렇기는커녕
· to the contrary 반대되는 (수식되는 어구 뒤에서) 그와 반대로[의], 반대 경지로

0655 allude [əlúːd]
암시하다, (암시적으로) 언급하다[to]
· allusion 암시, 언급; 넌지시 하는 말
· allusive 암시적인, 넌지시 암시하는

0656 profuse [prəfjúːs]
(땀·출혈 등이) 많은(=abundant); (풍진·사과·씀씀이가) 아낌없는
· profusion 다량(=large amount), 풍부; 낭비
· profusely 많이, 넘치게

0657 prosperous [prάspərəs]
번영하는; 부유한; 성공한(=thriving, affluent)
· prosper 번영하다, 번창하다, 성공하다(=flourish, thrive)
· prosperity 번영, 번성; 성공(=bonanza)

0658 ample [æmpl]
(남을 정도로) 충분한, 풍부한(=sufficient, affluent)
· amplitude 충분함; 넓이, 크기, 도량
· amplify 확대하다; 과장하다

0659 enormous [inɔ́rməs]
거대한, 막대한, 엄청난(=huge, vast)
· enormously 엄청나게 터무니없이(=immensely)
· enormity 거대함; 터무니없음 - 극악무도

0660 replicate [réplikèit]
복사하다; (바이러스가) 자기복제를 하다(=duplicate)
· replica (원작자에 의한) 복사, 복사본
· duplicate 똑같이복제하다; 중복되다

0661 miserly [máizərli]
구두쇠 같은, 인색한(=stingy)
· miser[máizər] 구두쇠, 노랑이

0662 impoverished [impάvəriʃt]
가난해진, 가난한(=destitute, poor); (토지 등을 메마르게 하다) 메마른
· impoverish (종종 수동) 가난하게 하다; (토지 등을 메마르게 하다

0663 slack [slæk]
(속어이) 느려지다[늦추다)야]; 게을리하다; 느슨함, 불경기
· slacken 늦추다, 둔화시키다(=slow up, let up); 느슨해지다; 게을리하다

0664 stagnant [stǽgnənt]
(물이) 고여 있는(=still, stationary); 침체된(=inactive, sluggish)
· stagnate (물 등이) 고이다(=썩다; 침체되다
· stagnation 침체, 정체; 부진, 불경기(=depression)

0665 dearth [dɜːrθ]
기근, 식량부족(=famine, starvation, scarcity); 결핍, 부족(=deficiency)

0666 insolvent [insάlvənt]
지불 불능의, 파산한(=bankrupt); 파산자
· insolvency 지불 불능, 채무 초과, 파산(=bankruptcy)
· solvent 지불 능력이 있는; 용제, 용매; 해결책

0667 resolve [rizάlv]
결심하다; 결심(하다)의(=determine); (문제 등을) 풀다, 해결하다(=solve, settle)
· solve (문제 등을) 풀다(=unravel), 해결하다(=settle); 용해하다
· solution 해결, 해결책; 용해

0668 allowance [əláuəns]
하락, 허가; 승인; 용돈; 수당
· make allowances for ~을 참작·고려하다(=take into account, allow for)
· allow 하락하다, 허가하다; 인정하다; 지급하다(=accept)

0669 remuneration [rimjùːnəréiʃən]
보수, 보상; 급여(=pay, reward)
· remunerate 보수를 주다, 보상하다; 보답하다
· remunerative 보수가 있는; 수지맞는(=lucrative) ↔ unremunerative 보상이 없는

0670 bargain [bάrgən]
싸게 산 물건; 특별이 쌈; 흥정하다, 기대하다, 예상하다
· What a bargain! 아주 싸게 샀네요!
· You got what you bargained for. 자업자득이다.

0671 prerequisite [prìːrékwəzit]
미리 필요한, 불가결한(=requirement); 선수과목[for]
· requisite 필요한; 필수의; 필수품
· requisition (권력에 의한) 요구(=request); 징발; 징용; 국제적 반인 인도 요구

0672 solicit [səlísit]
요청하다, 부탁하다(=ask for, entreat)
· solicitation 간청 졸라대기; 유혹
· solicitude 걱정·근심; 갈망; 정성; 국제(불지 등등) 각정해주는

0673 condone [kəndóun]
용납하다, 묵인하다(=pardon, overlook, excuse)
· pardon 용서하다, 사면하다; 용서, 관용

0674 console [kənsóul]
위로하다, 위문하다(=comfort, solace); (기계) 제어장치
· consoling 위로가 되는(=cheering) consolation 위로, 위안(=solace); 배자부활전
· consolable 위로할 수 있는; 마음이 진정되는 ↔ disconsolate 위로를 받을 수 없는

0675 extricate [ékstrəkèit]
(위기 등에서) 구해내다, 탈출시키다[from](=free, salvage)
· extricable 구출해 낼 수 있는 ↔ inextricable 탈출할 수 없는; 풀기곤란의(=unseparable)
· intricate 얽힌, 복잡한; 얽히게 하다

dissent
이견을 달리하다
0651

contradict
부인하다, 반박하다
0652

discrepancy
불일치, 괴리
0653

contrary
정반대
0654

allude
넌지시 암시하다
0655

profuse
(눈물 등이) 많은
0656

prosperous
번영하는
0657

ample
풍부한
0658

enormous
거대한
0659

replicate
복사하다
0660

miserly
구두쇠같은
0661

impoverished
가난한
0662

slack
게을리하다, 늦추다
0663

stagnant
고여있는, 침체된
0664

dearth
기근, 식량부족
0665

insolvent
파산한
0666

resolve
☑ Yes
☐ No
결심하다
0667

remuneration
보수, 보상
0668

allowance
허락, 허가
0669

bargain
싸게 산 물건
0670

prerequisite
☑ ☐ ☐ ☐
미리 필요한, 선수과목
0671

solicit
간청하다, 손님을 끌다
0672

condone
묵인하다
0673

console
위로하다
0674

extricate
구해내다
0675

0626 laconic
[ləkάnik]

(말이나 표현이) 간결한, 간명한(=terse, succinct, concise, pithy)
· laconically 간결하게

0627 reticent
[rétəsənt]

과묵한; 말을 삼가는(=taciturn, reserved)
· reticence 과묵, 말수가 적음(=taciturnity)

0628 abridge
[əbridʒ]

축약[요약]하다(=shorten), 단축하다, 삭감하다(=curtail)
· abridg(e)ment 요약본, 축약본, 발췌(=precis)
· abridged 짧게 한 ↔ unabridged 생략하지 않은(=not shortened); 무삭제본

0629 prosaic(al)
[prouzéiik]

평범하고 재미없는, 지루한(=boring, tedious, dull); 산문체의
· prose 산문; 산문체; 평범, 단조 ↔ 지루한 이야기

0630 verbose
[vərbóus]

말이 많은, 장황한(=loquacious, prolix)
· verbosity 장황, 쓸데없이 길게 쓰는 것

0631 dull
[dʌl]

(칼·날 등이) 무딘(=blunt); (머리가) 둔한; 단조롭고 지루한(=insipid, vapid)
· dullness 둔함; 지루함(=drudgery)
· sharp 예리한(=shrewd); (변화가) 급격한; 선명한, 분명한; 영리한

0632 blunt
[blʌnt]

(칼 등이) 무딘(=dull); (사람이) 퉁명스러운, 직설적인(=outspoken, forthright)
· bluntly 직설적으로, 무뚝뚝하게(=brusquely)

0633 acrimonious
[æ̀krəmóuniəs]

(태도 · 말 등이) 통렬한, 신랄한, 험악한(=bitter, scathing)

0634 laudatory
[lɔ́ːdətɔ̀ːri]

칭찬[찬미]의(=complimentary)
· laud[lɔːd] 찬양하다, 칭찬하다; 찬송, 찬미(=praise)
· laudable 칭찬할 만한, 훌륭한, 기특한(=creditable)

0635 articulate
[ɑːrtíkjulət]

(흥미 · 기억을) 없애다[지우다](=efface, eradicate)
· articulately 명료하게
· inarticulate 발음이 분명하지 않은, 모호한; 관절이 없는

0636 obliterate
[əblítərèit]

(흥미 · 기억을) 없애다[지우다](=efface, eradicate)
· obliteration 삭제, 말살

0637 decipher
[disáifər]

(암호문 따위를) 해독하다, 번역하다(=decode)
· cipher (숫자의) 영이, 숫자; 암호

0638 fatuous
[fǽtʃuəs]

(말이나 행동이) 얼빠진, 어리석은(=inane)
· infatuation (일시적으로) 사랑에 홀딱 빠짐; 열중

0639 preposterous
[pripάstərəs]

앞뒤가 뒤바뀐, 터무니없는(=absurd, senseless, exorbitant)

0640 vague
[veig]

(말이나 행동이) 애매한, 모호한(=about)(=obscure, nebulous); 희미한, 흐릿한
· vaguely 모호하게, 애매하게(=equivocally, nebulously)

0641 aloof
[əlúːf]

무관심한, (태도가) 쌀쌀맞은(=detached, distant); ~와 거리를 두는(=distant)
· aloofness 무관심, 냉담

0642 lukewarm
[lúːkwɔ̀ːrm]

미지근한(=tepid); 미온적인, 마음이 내키지 않는(=indifferent)

0643 fascinate
[fǽsənèit]

(흥미로운 것이) 마음을 사로잡다, 매혹하다(=charm)
· be fascinated with ~에 매료되다(=be interested in)
· fascinating 대단히 흥미로운(=exciting), 매혹적인; fascination 매혹, 매료(=attraction)

0644 deliberate
[dilíbərət]

고의의, 계획적인(=planned); 신중한, 사려 깊은; 심사숙고하다
· deliberation 숙고, 곰곰이 생각함
· deliberately 신중히, 고의로(=intentionally, by design)

0645 sympathy
[símpəθi]

동정(심), 연민(=compassion); 조문(弔問), 위문; 공감, 동감(=empathy)
· sympathetic 동정심 있는, 동정적인; 호의적인
· sympathize 공감하다, 동정하다; 동정하다; 위문하다

0646 pensive
[pénsiv]

(특히 슬픔 · 걱정 때문에) 깊은 생각[수심]에 잠긴(=thoughtful)
· pensively 생각에 잠겨(=thoughtfully)
· pensee[pɑːnséi] 생각, 사색; 명상; (pl.) 감상록, 금언, 격언

0647 tendency
[téndənsi]

동향, 추세[to/towards]; 기질, 성향[to/towards](=proclivity)
· tendentious 특정의 경향·목적을 가진, 편향적인(=biased)
· tend ~하는 경향이 있다[to]; tender 부드러운; 동료는 사람; 제출하다(=offer)

0648 bent
[bent]

소질, 취향[for](=disposition); 구부러진; (~하기로) 결심한, 마음이 쏠린
· be bent on ~ing ~하기로 마음먹다
· bender 구부리는 사람; 술 마시며 흥청거림

0649 prejudice
[prédʒudis]

(성별이나 인종에 대한) 편견(=bias); (차별로부터 오는) 불이익
· prejudiced 편견을 가진, 편파적인(=biased, jaundiced)
  ↔ unprejudiced 편견이 없는, 공평한(=unbiased)

0650 exponent
[ikspóunənt]

(사상 · 신념 등의) 주창자, 지지자(=supporter); 〈수학〉 지수
· expound 상세히 설명하다(=explain in detail, elucidate)
· exponentially 전형적으로, 기하급수적으로(=dramatically)

laconic / clear　간결한　O626

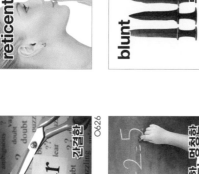
reticent　말을 삼가는　O627

abridge　줄이다　O628

prosaic　평범하고 재미없는　O629

verbose　말이 많은　O630

dull　둔한, 멍청한　O631

blunt　무딘, 둔탁한　O632

acrimonious　말이 신랄한, 험악한　O633

laudatory　칭찬의　O634

articulate　똑똑히 발음하다　O635

obliterate　지우다　O636

decipher　암호를 해독하다　O637

fatuous　얼빠진, 어리석은　O638

preposterous　앞뒤가 뒤바뀐　O639

vague　애매한, 흐릿한　O640

aloof　쌀쌀맞은　O641

lukewarm　마음이 내키지 않는　O642

fascinate　마음을 사로잡다　O643

deliberate　고의의　O644

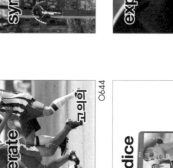
sympathy　동정, 조문　O645

pensive　수심에 잠긴　O646

tendency　동향, 추세　O647

bent　취향, 소질　O648

prejudice　편견　O649

exponent　주창자, 지지자　O650

0601 petrify
[pétrəfài]

- 돌처럼 굳게 하다(=stone); 망연자실하게 하다(=terrify)
- petrified (깜짝 놀라 정도로) 돌이 된; 극도로 겁에 질린

0602 paralyze
[pǽrəlàiz]

- 마비시키다; 무력하게 만들다(=disable)
- paralysis 무기력(=loss of power of action); 마비, 중풍

0603 enervate
[énərvèit]

- 기력을 빼앗다, 무기력하게 하다(=exhaust, drain)
- enervated 활력을 잃은, 무기력한; 나약한
- energize 기운을 북돋우다, 자극을 공급하다

0604 faint
[feint]

- 희미한, 흐릿한(=indistinct, dim); (기능성이) 희박한; 연약한
- faintly 희미하게, 어렴풋이; 가냘프게
- feint[feint] 공격하는 시늉; 양동작전 paint[péint] 페인트; 페인트칠하다, 그리다

0605 fatality
[feitǽləti]

- (재난 · 사고로 인한) 사망자 수; 치사율(=casualties)
- fatal 치명적인; 결정적인; 숙명적인, 불가피한
- fatalism 운명론, 숙명론; 체념

0606 agreeable
[əgríːəbl]

- 기분 좋은; 상냥한(=affable, amiable); 기꺼이 동의하는(=amenable)
- disagreeable 불쾌한; 싫은, 비위에 거슬리는(=obnoxious); 사귀기 어려운

0607 amenable
[əmíːnəbl]

- 순종하는, 잘 받아들이는[to](=agreeable, receptive, responsive)

0608 amicable
[ǽmikəbl]

- 우호적인, 평화적인(=friendly)
- amiable 사귀기 쉬운, 붙임성 있는; 마음씨 고운, 상냥한
- inimical 비우호적인(=unfavorable), 적대적인(=hostile); 해로운(=harmful)

0609 hospitable
[háspitəbl]

- 손님 접대를 잘하는; 친절한(=friendly); 호의적인 받아들이는(=amenable)
- hospitality 환대, 친절히 접대를 후대
- inhospitable 손님을 냉대하는, 불친절한; 살기에 적합하지 않은

0610 docile
[dásəl]

- 온순한, 유순한; (사람이) 다루기 쉬운(=easily-handled, compliant, obedient)
- dorsal[dɔ́ːrsəl] 등의; 등지느러미(dorsal fin)

0611 relentless
[riléntlis]

- 냉혹한(=merciless, ruthless, cruel); 끈질긴(=unyielding, constant)
- relentlessly 가차 없이, 무자비하게; 끊임없이 잔혹한
- unrelenting 가차없이 없는, 엄한; 무자비한(=inexorable)

0612 ferocious
[fəróuʃəs]

- 사나운, 흉포한(=savage, mean, fierce); 지독한
- ferocity (맹수) 사나움, 잔인흉악성

0613 vicious
[víʃəs]

- 잔악한, 광포한(=cruel); 악의가 있는, 심술궂은(=wicked, malicious)
- vice 악, 부도덕, 악습; 결함, 악점; 나쁜 버릇

0614 heinous
[héinəs]

- 악랄한, 흉악한(=hideous, very wicked, reprehensible, atrocious)

0615 malign
[məláin]

- 해로운, 악의가 있는(=evil); 중상하다(=slander)
- malignant 해로운, 악의가 있는, (병이) 악성의(↔ benign 양성의)
- malignity 악의, 앙심, 원한; (병의) 악성

0616 loathe
[louð]

- 몹시 싫어하다, 질색하다(=dislike, detest)
- loath ~하기 싫어하는 loathful / loathsome 혐오스러운; 메스꺼운
- loathing 혐오, 질색

0617 detest
[ditést]

- 혐오하다, 몹시 싫어하다(=abhor, loathe)
- detestable 몹시 미운, 밉살스러운 증오하는
- detestation 증오, 혐오; 몹시 싫은 것(사람)

0618 disdain
[disdéin]

- 경멸, 경멸감; 모멸(=scorn, raillery); 경멸하다, 업신여기다(=snub)
- disdainful 경멸적인, 무시하는; 오만한

0619 deprecate
[déprikèit]

- (강력히) 반대하다(=to express disapproval of); 비하[비난]하다
- deprecatory 반대의, 불찬성의; 사과하는

0620 ignominious
[ìgnəmíniəs]

- 불명예스러운, 수치스러운(=disgraceful)
- ignominy 불명예, 수치(=shame); 치욕스러운 행위
- ignoble 비열한; 천한; 불명예스러운, 수치스러운(=shameful)

0621 haughty
[hɔ́ːti]

- 오만한, 거만한, 건방진(=arrogant, supercilious)
- haughtiness 오만, 불손(=arrogance)
- hauteur 건방짐, 오만(=hubris)

0622 pompous
[pámpəs]

- 거드름 피우는, 거만한(=arrogant, pretentious)

0623 presumptuous
[prizʌ́mptʃuəs]

- 주제넘은, 건방진, 뻔뻔스러운(=impudent, impertinent)
- sumptuous 값비싼, 사치스러운(=luxurious), 값지게 보이는

0624 officious
[əfíʃəs]

- 참견하기 좋아하는, 주제넘게 나서는(=obtrusive, intrusive, meddlesome)
- officiary 공직상의; 관직의 직원이 있는
- officiate 사회하다(=preside), 직분을 행사하다; 집전하다

0625 blatant
[bléitənt]

- 노골적인(=obvious, obtrusive); 뻔한, 명백한(=flagrant, conspicuous)
- blatantly 주제넘게, 뻔뻔스럽게

petrify
돌처럼 굳게 하다
Medusa
0601

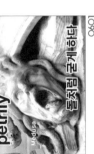

paralyze
마비시키다
0602

enervate
무기력하게 하다
0603

faint
흐릿한
0604

fatality
사망자 수
0605

agreeable
상냥한
0606

amenable
순종하는
0607

amicable
우호적인
0608

hospitable
환대하는
0609

docile
온순한
0610

relentless
냉혹한
0611

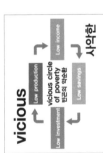
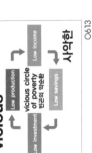

ferocious
사나운
0612

vicious
사악한
Low production
Low income
vicious circle
of poverty
빈곤의 악순환
Low investment
Low savings
0613

heinous
흉악한
0614

malign
악의가 있는
0615

loathe
질색하다
0616

detest
몹시 싫어하다
0617

disdain
경멸, 멸시하다
0618

deprecate
NO! NO!
강력히 반대하다
0619

ignominious
수치스러운
0620

haughty
오만한, 건방진
0621

pompous
거드름 피우는
0622

presumptuous
주제넘은, 건방진
0623

officious
주제넘게 나서는
0624

blatant
노골적인
0625

시험에 가장 많이 출제된 TOP 1000 표제어

0576 assess
[əsés]

- (재산·가치를) 가치를 평가하다, 사정(감정)하다 (=appraise)
- assessment 사정, 평가; 부과세(=appraisal) assessor 평가인, 사정인

0577 confidence
[kánfədəns]

- 신용, 신임, 신뢰(=trust); 자신(감); (비밀을) 털어놓음
- confident 확신하는, 자신만만한; 믿음직한 벗 self-confidence 자신, 자신 과신
- confidential 기밀의(=secret); 비밀을 터놓는, 친밀한

0578 credulous
[krédʒuləs]

- (남의 말을) 잘 믿는, 잘 속는 (=ready to believe)
- credulity 쉽사리(믿음), 믿기 쉬움
- incredulous 쉽사리 믿지 않는, 회의적인(=skeptical)

0579 efficient
[ifíʃənt]

- 능률적인, 효율적인; 유능한
- efficiency 능력; 능률 효율 efficiently 능률적으로, 효과적으로
- inefficient 비능률적인, 비효율적인; 무능한

0580 critical
[krítikəl]

- 결정적인, 중대한(=extremely important, crucial); 위기의; 비판의
- crisis 위기, 중대국면
- hypercritical 혹평하는

0581 symptom
[símptəm]

- (의학적) 증상, 증세(=stigma); 징후, 징조
- symptomatic 징후의, 증상이 되는

0582 conjecture
[kəndʒéktʃər]

- 추측하다, 어림작작히다(=surmise, suspect, infer, deduce); 어림작작(=guess)
- conjectural 추측적인, 억측하기 좋아하는(=speculative)

0583 delve
[delv]

- 탐구하다, 깊이 파고들다(=into)(=explore, examine, investigate)

0584 boost
[buːst]

- (경기 등을) 밀어 올리다(=up)(=promote); 홍보하다; 증대시키다
- booster 승압기, 증폭기; 후원자

0585 offset
[ɔ́ːfset]

- 상쇄하다, 차감계산하다; (장점이 단점을) 벌충하다
- set off 출발하다; 유발하다; 더 돋보이게 하다

0586 decimate
[désəmèit]

- (전쟁·질병 따위가) 많은 사람을 죽이다(=reduce, annihilate)
- be decimated by ~으로 많이 죽다

0587 falter
[fɔ́ːltər]

- 말을 더듬다, 우물거리다(=stammer); 비틀거리다
- faltering 비틀거리는; 더듬거리는 falteringly 비틀거리며, 말을 더듬거리며

0588 abate
[əbéit]

- (바람이) 잦아들다(=die down, let up); 줄다(=lessen); 감소시키다
- abatement 감소, 경감

0589 deride
[diráid]

- 비웃다, 놀리다, 조롱하다, 바보 취급하다(=ridicule, mock)
- derision 비웃음, 조소, 조롱
- derisive 조롱하는, 비웃는, 비꼬듯 만한(=scornful)

0590 harassing
[hǽrəsiŋ]

- 괴롭히는, 귀찮게 구는(=bullying, bothering, harrowing)
- harassment 괴롭힘; 고민(거리)(=distress) harassed 몹시 시달린
- harrowing 1. 참혹한, 괴로운(=harassing, distressing) 2. 약탈

0591 astronomer
[əstrɑ́nəmər]

- 천문학자
- astronomy 천문학
- astronaut 우주비행사

0592 galvanize
[gǽlvənàiz]

- (충격요법으로 써서) ~ 하게 하다(=into); 직류 전기 자극, 아연도금
- galvanization 자극(=invigoration); 직류 전기 자극, 아연도금

0593 amorphous
[əmɔ́ːrfəs]

- 확실한 형태가 없는(=lacking in organization and form, indeterminate)

0594 flexible
[fléksəbl]

- 구부리기 쉬운, 유연한; 신축성 있는, 융통성 있는(=elastic)
- flexibility 유연성; 융통성; 우순함
- inflexible 구부러지지 않는; 융통성 없는(=adamant)

0595 salvage
[sǽlvidʒ]

- 구출하다(=save, retrieve, extricate); (침몰선을) 인양하다; 이용하다
- salvation 구제, 구조, 구원; 구세주
- salve 해난물 구조하다, (배·화물을) 구하다

0596 cramp
[kræmp]

- (발달이나 진행을) 막다, 방해하다(=hinder, circumvent); 경련; 속박
- cramped 비좁고 갑갑한(=confined, oppressive)
- cramping 속박하는, 정식향 것 같은(=suffocating)

0597 suffocate
[sʌ́fəkèit]

- 질식시키다; 질식사시키다(=stifle, smother)
- suffocating (규제 등으로) 질식할 것 같은, 숨막히는(=cramping)
- suffocation 질식(=asphyxiation)

0598 frighten
[fráitn]

- 놀라게 하다; 위협하여 (~을) 하게 하다(=skittish)
- frightened 겁먹은, 놀란, 겁이 난(=skittish)
- frightening 겁싹 놀라게 하는, 소름끼치는(=intimidating, chilling)

0599 tenuous
[ténjuəs]

- 얇은, 가느다란(=flimsy); 빈약한; 보잘 것 없는(=unsubstantial)
- tenuity 희박; 미약; 빈약; 얇음

0600 attenuate
[əténjuèit]

- 약화시키다, 가늘게 하다(=diminish, weaken, reduce, dampen)
- attenuation 약화, 저하

assess 가치를 평가하다 ○576

confidence 신임, 신뢰, 확신 ○577

credulous 잘 믿는 ○578

efficient 효율적인 ○579

critical mistake 결정적인 실수 ○580

symptom 증상 ○581

conjecture 어림짐작하다 ○582

delve 탐구하다 ○583

boost 밀어 올리다 ○584

offset 상쇄하다 ○585

decimate 많은 사람을 죽이다 ○586

falter 말을 더듬다 ○587

abate 잦아들다 ○588

deride 놀리다, 비웃다 ○589

harassing 괴롭히는 ○590
sexual harassment 성희롱

astronomer 천문학자 ○591

galvanize 충격을 주어 ~하게 하다 ○592

amorphous 무정형의 ○593

flexible 유연한 ○594

salvage 인양하다, 해난구조 ○595

cramp 방해하다 ○596

suffocate 질식시키다 ○597

frighten 놀라게 하다 ○598
The Frighteners (Peter Jackson 1996)

tenuous 빈약한 ○599

attenuate 약화시키다 ○600

0551 propensity
[prəpénsəti]

(특정한 행동을 하는) 성향[to/for](=inclination, tendency)
- have a propensity to R ~하는 경향이 있다

0552 prefer
[prifə́r]

~보다 좋아하다, 선호하다
- prefer A to B B보다 A를 더 좋아하다
- preferential 우선의; 차별적인; 특혜의 preference 편애[이], 더 좋아함

0553 familiarize
[familiáraiz]

익숙하게 하다[with](=acquaint)
- familiar 잘 알려진; 익숙한; 정통한; 친한
- unfamiliar 익숙지 못한; 경험이 없는; 낯선; 생소한

0554 tolerate
[tálərèit]

(불쾌한 일이나 힘든 환경을) 참다, 견디다(=put up with); 용인하다
- tolerant 관대한; 용인하는; 내성[저항력]이 있는
- tolerable 참을 수 있는 ↔ intolerable 참을 수 없는

0555 impatient
[impéiʃənt]

참을성이 없는; 조바심하는; 몹시 ~하고 싶어 하는[for](=very eager for)
- impatience 성급함; 안달
- patient 인내심 있는; 끈기 있는; 환자; 병자 patience 인내

0556 carnivorous
[kɑːrnívərəs]

육식성의, 육식동물의(=predacious)
- herbivorous 초식성의, 초식동물의 insectivorous 벌레를 먹는, 식충의
- omnivorous 잡식성의

0557 concoct
[kɑnkɑ́kt]

(음모나 이야기를) 꾸며내다(=contrive); 섞어서 만들다
- concoction (음모나 약의) 혼합물; 꾸며낸 이야기(=melange, blend)

0558 synthesis
[sínθəsis]

종합, 통합, 합성; 인조
- synthetic 합성의, 인조의(=artificial); 진짜가 아닌
- synthesize 종합하다(=integrate)

0559 complex
[kəmpléks]

복합의, 복잡한 복잡한(=complicated, sophisticated); 합성물; (건물) 단지
- complexity 복잡함, 뒤얽힌 것(=complication)
- simplicity 간단함; 단순함

0560 adulterate
[ədʌ́ltərèit]

(음료나 음식에) 불순물을 섞다 (혼합물) 섞어 넣다(=debase)
- adulterated 섞음질을 한; 불순한; 섞인 adulteration 불순물, 조악품
- unadulterated 순수한(=pure), 진짜의

0561 sojourn
[sóudʒəːrn]

묵다, 체류하다; 일시 체재하다; 체류(=stay)

0562 detain
[ditéin]

(사람을) 기다리게 하다, 붙들어 두다; 감금[구류, 유치]하다
- detainment / detention 구금, 구류; 붙잡아 둠 (체포 후 단계)(=internment)

0563 roam
[róum]

돌아다니다, 거닐다, 배회하다(=wander around, stroll)
- roaming 로밍(자국에서도 휴대전화를 사용할 수 있는 서비스)

0564 migrate
[máigreit]

이주하다; 새들이 정기적으로 이동하다
- migration (사람, 철새 등의) 이주, 이동 migrant (일자리를 구하기 위한) 이주자
- emigrant (다른 나라로 가는) 이주자 immigrant (외국에서 들어오는) 이주자

0565 accommodate
[əkɑ́mədèit]

(지낼) 공간을 제공하다; 적응시키다(=adjust, suit)
- accommodation (보통 pl.) 숙박; 편의; 적응, 조절
- accommodating 잘 돌봐주는, 친절한(=helpful)

0566 ecology
[ikɑ́lədʒi]

생태학; 인간 생태학; 환경보존
- ecological 생태계의; 생태학적인 ecologically 생태학적으로
- ecosystem 생태계

0567 arid
[ǽrid]

마른; 불모의(=dry; barren); 재미없는(=uninteresting)
- aridity 불모, 무미건조

0568 desolate
[désəlèit]

황폐한; 황량한; 적막한(=abandoned, barren, deserted, bleak)
- desolation 폐허; 슬픔, 고독감

0569 dilapidated
[dilǽpədèitid]

(건물이) 낡아빠진; 허물어진(=disordered, worn-out, run-down)
- dilapidate (건물 등을) 헐다; 황폐케 하다

0570 discard
[diskɑ́ːrd]

버리다, 포기하다(=abandon, scrap, do away with, dispose of, throw away)
- discard 불필요, 디툼; 불채용되다

0571 maturity
[mətʃúərəti]

성숙(기), 원숙(기), 완성(기); 장년기; (어음의) 만기일
- mature 잘 익은; 성숙한; 신중한
- immature 미숙한; 덜 발달된 premature 조숙한; 조산의

0572 paternity
[pətə́rnəti]

부권; 아버지임; 생각의 기원, 근원(=origin), 저자자임
- paternal 아버지의, 부계의(=fatherly) paterfamilias 가장
- maternal 어머니의, 어머니다운(=motherly) maternity 어머니임, 모성

0573 embrace
[imbréis]

껴안다; (사상을) 받아들이다; (기회를) 포착하다; (많은 것을) 포괄하다
- embracive 포괄적인

0574 reprimand
[réprəmænd]

꾸짖다, 징계하다(=reproach); 징계, 비난

0575 sobriety
[səbráiəti]

술 취하지 않은 상태, 맨 정신(=sanity); 절제된 생활(=straight living)
- sober 술 취하지 않은(=abstinent ↔ intoxicated); 냉철한; (옷이) 수수한
- sobering 정신이 번쩍 들게 하는

propensity
to exaggerate
(과장해서 말하는) 경향
○551

prefer
보다 더 좋아하다
○552

familiarize
익숙해지다
○553

tolerate
참다
○554

impatient
참을성 없는
○555

   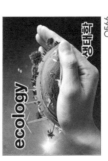

carnivorous
육식성의
○556

concoct
섞어서 조리하다, 꾸며내다
○557

synthesis
합성의
○558

complex
건물 단지, 복잡한
○559

adulterate
불순물을 섞다
○560

sojourn
짧은 기간 동안 묵다
○561

detain
붙들어 두다
○562

roam
돌아다니다, 방랑하다
○563

migrate
이주하다
○564

accommodate
숙박시키다
○565

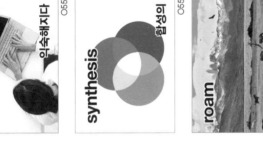

ecology
생태학
○566

arid
건조한
○567

desolate
황량한
○568

dilapidated
낡아빠진
○569

discard
불필요한 것을 버리다
○570

 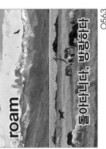

maturity
youth
젊음
성숙기, 장년기
○571

paternity
아버지임
maternity
어머니임
○572

embrace
껴안다
○573

reprimand
꾸짖다
○574

sobriety
술 취하지 않음
○575

0526 misdemeano(u)r [mìsdimíːnər]
· 경범죄, 비행, 악행(=wrongdoing, misconduct)
· demeanor 태도, 품행, 행실 demean 행동하다; 품위를 떨어뜨리다

0527 plagiarism [pléidʒərìzm]
· 표절, 도용(=piracy), 표절 행위; 표절물
· plagiarize 표절하다(=pirate) plagiarist 표절자

0528 addict [ǽdikt]
· 중독되다, 탐닉하다[to](=very often eat, indulge in)
· be addicted to ~에 중독되다 addictive 중독성의
· addiction 중독

0529 abortion [əbɔ́ːrʃən]
· 낙태, 임신중절(수술)(=feticide); (계획 등의) 실패
· abort 낙태하다; 실패하다 abortive 실패한; 유산아; 낙태약, 유산
· aborticide 인공 임신중절, 낙태

0530 infamous [ínfəməs]
· 악명 높은(=notorious), 악랄한, (집이) 나쁜
· infamy 치욕, 불명예
· famous 유명한

0531 arrogant [ǽrəgənt]
· 거만한, 건방진(=haughty, pompous, supercilious, insolent, stuck-up)
· arrogance 거만, 오만

0532 inordinate [inɔ́ːrdinət]
· 지나친, 과도한(=excessive), 무절제한
· inordinately 지나치게, 과도하게(=excessively)

0533 exorbitant [igzɔ́ːrbitənt]
· (가격 · 요구 등이) 과도한(=excessive, too high); 터무니없는(=preposterous)
· exorbitantly 엄청나게, 터무니없이

0534 aberrant [əbérənt]
· (행위가) 도리를 벗어난, 탈선적인(=deviant); 변종의
· aberration 탈선; 변형, 변이(=anomaly)

0535 idiosyncratic [idiousiŋkrǽtik]
· 특유한; 기이한(=peculiar, eccentric); 특이 체질의
· idiosyncrasy 특이한 성격, 별난 행동, 특이 체질(=peculiarity)

0536 protruding [proutrúːdiŋ]
· 돌출한, 툭 튀어나온(=prominent)
· protrude 밀어내다, 내밀다; 튀어나오다(=project)
· protrusive 튀어 나온, 돌출한; 주제넘게 나서는

0537 eminent [émənənt]
· 저명한, 총훈한(=prestigious, distinguished, illustrious)
· eminence (지위 · 신분 등의) 높음, 고귀; 저명; 탁월

0538 prominent [prɑ́mənənt]
돌출된(=protruding); 저명한, 탁월한(=eminent, notable, important)

0539 celebrity [səlébrəti]
· 유명인, (유명) 연예인 (약 celeb); 명성(=fame)
· celebrated 유명한; 저명한(=renowned)
· celebrate 경축하다; (기념일 등을) 거행하다 celebration 축하, 축하연

0540 caliber [kǽləbər]
· (사람의) 재능(=competence), 도량; (사물의) 품질(=quality), (총포) 구경
· calibrate (저울 등에) 눈금을 조정하다; (~을 향하여 대책 등을) 조정하다
· calibration 구경 측정; 눈금

0541 prior [práiər]
· (시간 · 순서가) 이전의, 앞의; ~보다 앞선(=earlier, antecedent)
· priority (시간상으로) 앞섬; 맨앞(~보다) 중요함; 우선사항

0542 posthumous [pɑ́sθuməs]
· 사후(死後)의, 사후에 생긴(=after-death, postmortem)
· posthumously 죽은 뒤에, 유작으로서(=after one's death)

0543 descendant [diséndənt]
· 자손, 후예, 후손(=posterity); 제자
· descend 하강, 내리막이; 활동 descending 내려가는, 하향의
· ascent 오름막; 상승; 오르막; 경사도 ascendant 우월, 지배; 선조; 상승하는

0544 vestige [véstidʒ]
· (문화 등의) 자취, 흔적(=trace, remaining sign)
· investigate 수사하다, 조사하다(=delve into, probe)

0545 substitute [sʌ́bstətjùːt]
· 대신하다, 대체하다[for](=replace, supplant); 대용품, 교체선수
· substitution 대신, 대용

0546 classification [klæsəfikéiʃən]
· 분류(분별), 분류, 유형
· classify 분류하다(=categorize)
· class 계층, 계급; 학급; 수업; 등급

0547 embody [imbɑ́di]
· (사상 따위를) 구현하다, 구체화하다[for](=represent, epitomize)
· embodiment 구체화, 구현; 화신(=incarnation)

0548 subsidiary [səbsídièri]
· 자회사; 보조물(=branch); 보조의; 종속적인(=secondary)
· subsidize 보조[장려]금을 지급하다(=support)
· subsidy (국가의) 보조금, 장려금(=financial support by government)

0549 equitable [ékwətəbl]
· 공평(공정)한; 정당한(=impartial, unbiased, fair)
· equity 공평, 공정; 형평법(=justice, fairness)
· inequitable 불공평한, 불공정한(=unfair)

0550 counterpart [káuntərpɑ̀ːrt]
상대물, 상대역, 대응되는 짝을 이룬 사람[물건]

misdemeanor 경범죄 O526

plagiarism 표절 O527

addict 중독되다 O528

abortion 낙태 O529

infamous 악명높은 O530

arrogant 거만한 O531

inordinate 과도한, 지나친 O532

exorbitant 터무니없는 O533

aberrant 탈선적인 O534

idiosyncratic 특이한 O535

protruding 돌출된, 툭 튀어나온 O536

eminent 저명한 O537

prominent 돌출된, 탁월한 O538

celebrity 유명인 O539

caliber 재능, 품질 O540

prior 이전의 O541

posthumous 사후에 생긴 O542

descendant 자손, 후예 O543

vestige 흔적, 자취 O544

substitute 대용품, 대신하다 O545

classification 분류, 유형 O546

embody 구체화하다 O547

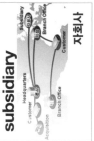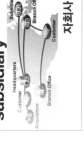

subsidiary 자회사 O548

equitable 공평한 O549

counterpart 상대역 O550

DAY 21

시험에 가장 많이 출제된 TOP1000 표제어

0501 intact [ɪntǽkt]
손대지 않은, 손상되지 않은, 완전한(=undamaged, unimpaired, untouched, whole)

0502 spot [spat]
점, 오점; 장소, 현장; 즉석의
· on-the-spot 현장의, 즉석의, 즉결의; 즉석시키다
· spotless 오점이 없는, 흠 없는(=flawless, immaculate); 결백한

0503 tarnish [tɑ́ːrnɪʃ]
(광택 · 명예 등이) 흐려지다(=lose its luster, dim); 더럽히다(=blemish, taint)
· tarnishable 쉽게 녹스는, 변색하기 쉬운

0504 immaculate [ɪmǽkjulət]
티없는, 순결한(=completely clean, spotless); 결점 없는(=impeccable)
· immaculacy 결점이 없음; 티 없음, 무구, 결백

0505 squalid [skwɑ́lɪd]
(장소 · 생활형편이) 지저분한, 불결한(=dirty, sordid, filthy, dingy)
· squalor 더러움, 너저분함; 치사함

0506 recurring [rɪkə́ːrɪŋ]
되풀이해서 일어나는, 회귀하는(=repeating)
· recur (사건 등이) 재발하다; 반복되다; 회상하다
· recurrent 재발하는; 정기적으로 일어나는(=intermittent, repeated)

0507 sporadic(al) [spərǽdɪk(əl)]
때때로 일어나는, 산발적인(=infrequent, intermittent)
· sporadically 때때로; 단속적으로(=occasionally)

0508 endemic [endémɪk]
(동 · 식물이) 그 지방 특산인(=native, local, indigenous, aboriginal)
· endemic (한 때)(가) 지방에 바르는
· epidemic 유행성의, 유행하고 있는; 전염병

0509 malicious [məlíʃəs]
악의적인, 심술궂은; 고의의(=wicked, vicious, spiteful)
· maliciously 지독하게, 심술궂게(=destructively)
· malice [의도적인] 악의, 앙심; 적의

0510 remedy [rémədi]
치료(약); 구제책; 치료하다(=correct); 구제하다
· remedial 치료하는, 교정하는; 구제하는(=correcting)
· irremediable 치료할 수 없는; 불치의; 돌이킬 수 없는

0511 palpable [pǽlpəbl]
손에 만져질 듯한(=tangible, corporeal); 명백한(=obvious, conspicuous)
· impalpable 손으로 만지거나 느낄 수 없는; 미묘한(=intangible)

0512 manifest [mǽnəfest]
(태도나 감정을) 분명히 나타내다(=show, display, demonstrate); 명백한(=evident)
· manifestation 명시, 표명; 시위운동, 데모
· manifesto (정당 등의) 선언(서), 성명(서)

0513 explicit [ɪksplísɪt]
명백한, 분명한(=clear); 노골적인
· explicitly 명백하게(=clearly); explicable 설명할 수 있는, 부득이 가는
· explicate 해명하다, 자세히 설명하다(=elucidate)

0514 utter [ʌ́tər]
말하다; 발음하다; (신음 소리 등을) 내다; 전적인
· utterance 입 밖에 내 발언; 발표력, 구조
· utterly 전적으로, 완전하게, 철저하게(=completely)

0515 luminous [lúːmənəs]
빛나는, 반짝이는; 총명한(=shining, glowing); 명쾌한(=clear)
· luminously 밝게, 빛나게

0516 surreptitious [sə̀rəptíʃəs]
남몰래 하는, 은밀한(=secret, clandestine)
· surreptitiously 남몰래, 은밀하게(=secretly)

0517 cryptic [kríptɪk]
수수께끼 같은(=mysterious), 비밀의; 몸을 숨기기에 알맞은
· procryptic 보호색의

0518 unconscious [ʌnkɑ́nʃəs]
무의식적인(=unintended), 의식을 잃은, 의식이 없는(=in a coma)
· unconsciously 무의식적으로, 의식적으로; consciousness 지각, 의식, 제정신
· conscious 자각하는, 의식적인

0519 hypocrite [hípəkrɪt]
위선자, 가식적인 사람(=liar)
· play the hypocrite 위선을 부리다, 겉으로 착한 체하다
· hypocritical 위선의, 위선적인 hypocrisy 위선, 가식(=affectation)

0520 unwilling [ʌnwílɪŋ]
~하기 꺼리는[to]; 마지못해 하는(=reluctant)
· unwillingly 마지못해서, 어쩔 수 없이
· willing 기꺼이 ~하는, 자진하여 ~하는; 자발적인

0521 minute [maɪnjúːt, mɪnɪt]
아주 작은(=very small, tiny); 사소한; 각서, (분) 의사록; 적어두다
· minuteness 미세, 상세 minutia 자세한 점; 상세; 사소한 일
· minuscule 대단히 작은; 하찮은; (인쇄) 소문자

0522 meager [míːgər]
(질이나 양이) 빈약한; 불충분한(=scanty, poor, paltry)

0523 immediate [ɪmíːdiət]
당장의, 즉각의, 당면한(=instant, instantaneous)
· immediately 곧 즉시, 직시; 직접; 바로 가까이에(=at the drop of a hat)
· immediacy 긴박; 즉시(성); 긴급하게 필요한 것

0524 abruptly [əbrʌ́ptli]
갑자기, 불시에(=suddenly); 급격하게(=sharply)
· abrupt 갑작스러운, 불의의; 퉁명스러운
· abruption 분리, 분열; 붕괴, 중단, 중절

0525 succinct [səksíŋkt]
(말 등이) 간결한, 간명한(=brief, concise, terse, laconic, austere)
· succinctly 간결하게

intact 손대지 않은
O501

spot 점
O502

tarnish 변색되다, 더럽히다
O503

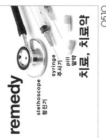

immaculate 티없는, 순결한
O504

squalid 지저분한
O505

recurring 되풀이해서 일어나는
O506

sporadic 때때로 일어나는
O507

endemic 풍토성의
O508

malicious 심술궂은
O509

remedy 치료, 치료약
syringe 주사기 / pill 알약
stethoscope 청진기
O510

palpable 손에 만져질 듯한
O511

manifest 일정을 표명하다
O512

explicit 노골적인, 명백한
O513

utter 말하다, 발음하다
O514

luminous 빛나는, 명백한
O515

surreptitious 은밀한
O516

cryptic 몸을 숨기기에 알맞은
O517

unconscious 의식을 잃은
O518

hypocrite 위선자
O519

unwilling 마지못해 하는
O520

minute 아주 작은
O521

meager 빈약한
O522

immediate 당면한, 즉시의
O523

abruptly 급격하게
O524

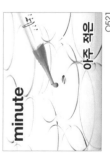

succinct 간결한
O525

0476 acquire [əkwáiər]

취득하다, 습득하다(=obtain, come by, take on)
- acquired 획득한, 후천적인(↔inherent)
- acquisitive 얻으려고 하는, 탐내는, 욕심 많은

0477 secure [sikjúər]

안전한(=safe); 안정된; 견고한; 방어(=protection); 담보물; (pl) 유가증권
- security 안전, 보안, 방어; 보증; 담보물(=protection)
- insecure 불안정한; 불안전한; 위태로운(=precarious)

0478 secular [sékjulər]

이승의, 속세의, 현세의, mundane); 비종교적인
- secularize 세속화하다, 속된 용도에 바치다

0479 peculiar [pikjúljər]

기묘한, 별난(=curious, eccentric); 고유의, 특유의(=unique, particular)
- peculiarity 특색, 별남, 버릇, 특유(=idiosyncrasy, eccentricity); 색다른 점, 기벽
- peculiarly 특히, 각별히, 색다르게(=uniquely)

0480 retain [ritéin]

보유[유지]하다; (제도 등을) 존속시키다(=keep, hold, maintain); 잊지 않다
- retention 보유, 유지; 보유력; 기억력
- retentive 보유력이 좋은; 기억력이 좋은

0481 prohibit [prouhíbit]

(~하는 것을) 금하다, 금지하다(=forbid)
- prohibition 금지, 금제; 금제(=ban, embargo)
- prohibitive 금지하는, 금제의; 엄청나게 비싼(=expensive)

0482 contract [kɑ́ntrækt]

수축하다(=shrink); 계약하다; 병에 걸리다(=come down with); 계약
- contraction 수축하기, 축소하기; 수축 contracted 수축한; 단축한

0483 illegible [ilédʒəbl]

읽기 어려운, 판독하기 어려운(=too hard to read)
- legible (필체·인쇄가) 읽기 쉬운, 판독할 수 있는(=readable)

0484 compensate [kɑ́mpənsèit]

보상하다, 배상하다(=make up for)
- compensation 배상, 보상(=payment)

0485 afford [əfɔ́rd]

주다, (편의를) 제공하다(=give, offer); ~할 여유가 있다[can ~ to R]
- affordable 줄 수가 있는, 입수 가능한
- affordability 감당할 수 있는 비용(가격)

0486 trigger [trígər]

(일을) 시작하게 하다, 유발하다(=generate, touch off, set off); 방아쇠의 계기
- triggering 방아쇠를 당김, 기폭

0487 corollary [kɔ́rəlèri]

(~의) 필연적 결과, 당연한 귀결[of]; 추론(=result)

0488 consequential [kɑ̀nsəkwénʃəl]

결과로서 일어나는; 중대한
- consequently 따라서, 결국, 그 결과(↔inherent)
- consequence 결과, 결말; 중대성, 중요성(=aftermath)

0489 subsequent [sʌ́bsəkwənt]

그 다음의, 차후의(=following, later), 뒤이어 일어나는(=ensuing)
- subsequently 그 후에, 다음에, 이어서(=later)
- sequence (일련의) 연속적인 사건들, (사건의) 연속, (영화의) 연속된 한 장면

0490 derivative [dirívətiv]

파생어; 파생 상품(=spin-off); 다른 것을 본뜬(=unoriginal); 파생적인
- derive ~에서기원[파생]하다[from] derived 유래된, 파생된
- derivation 끌어냄, 유도, 기원, 파생

0491 evade [ivéid]

(교묘하게) 피하다, 모면하다(=sidestep, dodge)
- evasion (책임) 의무로부터의 도피, 회피(↔confrontation)

0492 eschew [istʃúː]

피하다, 삼가다(=shun)
- chew 씹다; 숙고하다[over]

0493 postpone [poustpóun]

연기하다, 뒤로 미루다(=put off, shelve)
- put sth off 연기하다, 미루다

0494 presume [prizúːm]

(증거 없이) ~라고 여기다; 가정[추정]하다(=suppose)
- presumably 생각건대, 아마(=probably, supposedly)
- presumed 당연한 것으로 여겨지는; (범죄상) 추정된(=alleged)

0495 impute [impjúːt]

(죄·원인 등을) ~의 탓으로 하다[to](=attribute, ascribe)
- imputation (죄 등의) 전가; 비난; 오명

0496 tamper [tǽmpər]

쓸데없는 참견을 하다[with](=meddle with, interfere with); 함부로 변경하다[with](=alter)
- temper 성질, 기질; 기분; 차분, 침착; 조절, 조제

0497 convert [kənvɑ́rt]

전환[변화]하다[into](=change); 개종시키다, 전향하다
- convertible 바꿀 수 있는, 개조할 수 있는 n.지붕을 접을 수 있는 자동차
- converse 거꾸로의, 뒤바뀐; 반대, 역(=opposite)

0498 interrupt [ìntərʌ́pt]

(말 등을 중간에) 중단시키다(=heckle, break in on); 중단하다
- interrupted 중단된, 방해받은
- interruption 훼방, 방해; 중단; 방해물

0499 encroach [inkróutʃ]

(남의 나라·땅 등을 조금씩) 침입하다[upon](=trespass upon); 잠식하다[upon]
- encroachment 침략; 침해; 침범지(=infringement, inroad)

0500 impose [impóuz]

(벌·세금·의무 등을) 부과하다(=levy, place); (~에) 편승하다, ~을 이용하다[on]
- imposing 인상적인, 남의 눈을 끄는, 당당한

acquire
획득하다
O476

secure
안전한
O477

secular
비종교적인
O478

peculiar
기묘한, 특이한
O479

retain
보유하다, 유지하다
O480

prohibit
금지하다
O481

contract
계약하다
O482

illegible
읽기어려운
hieroglyphics (상형문자)
O483

compensate
배상하다
O484

afford
주다, ~할 여유가 있다
O485

trigger
방아쇠, 유발하다
O486

corollary
당연한 결과
1 + 1 = 2
O487

consequential
결과로서 일어나는
O488

subsequent
뒤이어 일어나는
O489

impute
~탓으로 하다
O490

evade
모면하다
O491

eschew
삼가다
O492

postpone
미루다
SOMEDAY, IN TIME, THE FUTURE, ONE DAY, LATER, NEVER, TOMORROW, postpone, WHENEVER, PERHAPS, NOT YET, ANOTHER DAY
O493

presume
증거없이 ~라고 여기다
O494

impose
부과하다
O495

tamper
함부로 변경하다
inACTIVE
O496

convert
전환하다
Convertible
컨버터블
O497

interrupt
중단시키다
O498

encroach
침입하다
NO TRESPASSING
PRIVATE PROPERTY
O499

derivative
파생적인
O500

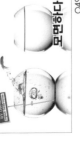

0451 appalling
[əpɔ́ːliŋ]

소름 끼치는(=frightening, dreadful); 형편없는(=terrible, abysmal, dire)
· appall 소름 끼치게 하다, 섬뜩하게 하다

0452 abhor
[æbhɔ́ːr]

· 소름 끼칠 정도로 싫어하다, 질색하다(=hate, detest, loathe, despise)
· abhorrent 아주 싫은, 질색의
· abhorrence 혐오, 증오, 질색인 것

0453 prowess
[práuis]

훌륭한 솜씨(=unusual ability or skill); 용맹(=exceptional valor)

0454 undaunted
[ʌndɔ́ːntid]

(어려움 등을) 겁내지 않는, 두려워하지 않는
· dauntless 겁 없는, 불굴의
· daunt 위협하다, 기죽을 잭다 daunting (일 등이) 위압적인, 박찬, 힘든

0455 imperative
[impérətiv]

반드시 해야 하는, 필수적인(=necessary); 긴급한(=urgent) 책무, 요청(=demand)
· imperious 전제적인, 오만한(=overbearing)

0456 impregnable
[imprégnəbl]

난공불락의(=unconquerable); (신념이) 확고한
· pregnable 공격당할 수 있는[빼기 쉬운], 정복당한 쉬운
· impregnate 스며들게 하다(=permeate); 수태시키다

0457 overwhelming
[òuvərhwélmiŋ]

(수나 양, 힘이) 압도적인, 너무도 강력한
· overwhelm 압도하다; 질리게 하다(=dominate)
· be overwhelmed with ~에 압도당하다[있도하게 되다]

0458 tenable
[ténəbl]

(공격·비평 등을) 방어할 수 있는, 조리 있는(=logical); (특정 기간) 유지 되는
· untenable 방어할 수 없는(=indefensible), 이치가 맞지 않는

0459 dismal
[dízməl]

(기분이) 우울한, 쓸쓸한(=causing sadness or depression, miserable, gloomy)
· dismally 쓸쓸하게, 음울하여

0460 alert
[ələ́ːrt]

경계하는; 기민한(=vigilant, watchful); 경고, 경계태세
· yellow alert 황색경보 → blue alert 청색경계경보 → red alert 적색경보
· on (the) alert 빈틈없이 경계하고 있는(=watchful)

0461 rampant
[rǽmpənt]

(나쁜 것이) 걷잡을 수 없는, 만연하는(=prevalent); 무성한(=flourishing)
· rampancy (전동의) 사나움; 만연, 무성; 무성
· rampant 심적 병의, 수비; 방어하다

0462 intractable
[intrǽktəbl]

고집스러운; (병이) 고치기 어려운(=difficult to handle, unruly)
· tractable 다루기 쉬운, 순종하는, 유순한(=pliant)

0463 belligerent
[bəlídʒərənt]

호전적인, 싸우기 좋아하는(=hostile, warlike, militant, combative)
· bellicose 호전적인, 싸우기 좋아하는

0464 strenuous
[strénjuəs]

(일이나 향위가) 힘이 많이 드는(=arduous); 왕성한(=vigorous)
· strenuously 강력히(=vigorously)

0465 hazardous
[hǽzərdəs]

모험적인, 위험한; 운에 맡기는(=dangerous, perilous)
· hazard 위험, 모험; 우연한 일; 뜻밖의 사건
· at the hazard[risk/peril] of 위험을 무릅쓰고

0466 colossal
[kəlásəl]

거대한, (수량 등이) 어마어마한(=gigantic, prodigious, huge, monstrous)
· colossus 거상, 거인, 큰 인물 Colosseum 콜로세움(로마의 원형 경기장)

0467 impulsive
[impΛlsiv]

(순간적인) 감정에 이끌린, 충동적인(=impetuous)
· impulse 추진력, (물리적인) 충격·충동(=whim)

0468 exuberant
[igzúːbərənt]

(원기·열정·기쁨 등이) 넘쳐흐르는(=overflowing, excited, ebullient)
· exuberance 충부(=활력·기쁨 따위의) 충만

0469 sanguine
[sǽŋgwin]

붉은(=red); 혈색이 좋은; 명랑한; 낙천적인(=optimistic, buoyant)
· sanguinary 유혈의, 피비린내 나는
· consanguineous 혈족의, 동족의(=related by blood)

0470 exhilarating
[igzílərèitiŋ]

기분을 돋우는, 신나는, 유쾌한(=invigorating, cheerful)
· exhilarate 기분을 돋우게 하다, 유쾌하게 하다(=invigorate, excite, exalt)
· exhilaration 유쾌한 기분, 들뜸; 흥분(=merriment)

0471 nonchalant
[nὰnʃəlάːnt]

태연한, 무관심한, 냉담한(=indifferent, unconcerned, insouciant)
· nonchalance 무관심, 냉담, 태연함

0472 skeptical
[sképtikəl]

의심 많은; 회의적인(=doubtful, incredulous)
· skepticism 회의론[주의]; 회의적 태도(=doubt)
· optimistic 낙관주의의, 낙관적인(=sanguine)

0473 lethargic
[ləθάːrdʒik]

무기력한; 활발하지 못한(=apathetic, sluggish, torpid); 혼수상태의
· lethargy 혼수상태, 무기력, 무감각; 권태
· lethargically 혼수상태로, 나른하게(=drowsily)

0474 sluggish
[slΛgiʃ]

느린, 완만한(=slow, languid, lethargic), 나태한
· sluggard 게으름뱅이; 건달

0475 indolent
[índələnt]

게으른(=lazy, inert); 무통증의, 무통성의
· indolence 게으름, 나태(=sloth, idleness, laziness); (병리) 무통(성)

appalling 무시무시한

○451

abhor 몹시 싫어하다
○452

prowess 용맹
○453

undaunted 겁내지 않는
○454

imperative 필수적인, 긴급한

○455

impregnable 난공불락의
○456

overwhelming 압도적인
○457

tenable 조리있는

○458

dismal 침울한
○459

alert 경계하는
○460

rampant 만연하는, 무성한
○461

intractable 고집스러운
○462

strenuous 왕성한

○463

belligerent 호전적인
○464

hazardous 모험적인, 위험한
○465

colossal 어마어마한
Colosseum in Rome

○466

impulsive 충동적인
impulse buying 충동구매

○467

exuberant 열광적인

○468

sanguine 혈색이 좋은, 명랑한

○469

exhilarating 신나고 유쾌한
○470

nonchalant 무관심한

○471

skeptical 회의적인

○472

lethargic 무기력한
○473

sluggish 느린
○474

indolent 게으른

○475

DAY 18

Q426 illiterate
[ilítərət]
· 글자를 모르는(=unable to read or write); 교양이 없는; 문맹자
· illiteracy 문맹; 무식; 무학
· literacy 읽고 쓰는 능력; 교육 받음 literate 글을 쓰고 읽을 수 있는; 교양 있는

Q427 retrospect
[rétrəspèkt]
· 회고[회상]하다, 추억에 잠기다; (법) 소급하다; 회상, 회고
· retrospective 회고의; (법) 소급하는; 회고전의(=reminiscent)
· retrospectively 추억에 잠겨

Q428 compound
[kámpaund, kámpáund]
· 복합의, 합성의; 혼합물; 구내, 영내; 혼합하다; 악화시키다(=aggravate)
· component 구성 요소, 성분(=ingredient, element, part)

Q429 reciprocal
[risíprəkəl]
· 상호 간의, 호혜적인(=mutual), 보답의
· reciprocate 보답하다, 보복하다, 답례하다; 교환하다 reciprocity 호혜, 상호주의

Q430 mutual
[mjúːtʃuəl]
· 상호의(=reciprocal, bilateral); 서로 관계있는, 상관의
· mutuality 상호 관계, 상관

Q431 perishable
[périʃəbl]
· (음식이) 상하기 쉬운; 사라지기 쉬운
· perish 멸망하다, 소멸하다; 죽다(=succumb)
· imperishable 불멸의, 영원한; 부패하지 않는

Q432 prevail
[privéil]
· 유행하다, 널리 퍼지다(=be widespread); 우세하다(=dominate, predominate)
· prevailing 널리 퍼져 있는, 유행하고 있는; 우세한

Q433 profitable
[práfitəbl]
· 수익성이 좋은, 이득이 되는(=well-paying, lucrative)
· profit 이익, 이득, 이윤; 이익이 되다
· unprofitable 이익이 없는, 벌이가 안 되는, 무익한

Q434 lavish
[lǽviʃ]
· 남비벽이 있는(=prodigal); 후한(=generous, profuse); 풍부한(=opulent)
· ravish 황홀하게 하다; 빼앗다, 강탈하다

Q435 stingy
[stíndʒi]
· 인색한, 쩨쩨하게 구는
· stinginess 인색함, 구두쇠 짓(=parsimony)
· stint 돈을 절약하다, 아끼다, 아까워하다

Q436 augment
[ɔːgmént]
· 증가시키다, 가증시키다; 증가하다(=increase, enlarge)
· augmentation 증가, 증대, 첨가물
· augmentative 증대하는, 아가게 하는, 부가적인

Q437 opulent
[ápjulənt]
· 부유한, 풍부한(=wealthy); 호화로운(=luxurious, lavish)
· opulence 부유, 풍부, 풍부함(=affluence), 다량; 화려함

Q438 copious
[kóupiəs]
· 풍부한, 막대한(=abundant, plentiful, ample, voluminous)
· copiously 풍부하게

Q439 distribute
[distríbjut]
· 분배하다, 배당하다; 배포하다(=hand out, release); 골고루 퍼뜨리다
· distribution 분배, 배당, 배포
· tributary 속국; (강의) 지류(=branch); 속국의, 기여하는, 지류의

Q440 deplete
[diplíːt]
· 고갈[소모]시키다, 다 써버리다(=use up, exhaust)
· depletion 고갈, 소모
· depletive / depletory 고갈[소모]시키는

Q441 despicable
[déspikəbl]
· 경멸할 만한, 비열한(=contemptible)
· despise 경멸하다, 멸시하다(=look down on)

Q442 humiliate
[hjuːmílièit]
· 굴욕감을 느끼게 하다, 창피를 주다(=humiliate)
· humiliated 창피를 당한(=ashamed) humiliating 굴욕적인(=mortifying), 면목 없는
· humiliation 굴욕, 굴복; 창피

Q443 mortify
[mɔ́ːrtəfài]
· 굴욕감을 주다, 창피를 주다(=humiliate)
· mortifying 굴욕적인, 분한(=humiliating)

Q444 stigma
[stígmə]
· 치욕, 오명; 오점(=disgrace, feeling of shame)
· stigmatize ~에 오명을 씌우다; ~을 비난하다

Q445 acclaim
[əkléim]
· 갈채하다, 환호하다; 칭송하다(=praise, hail, laud, applaud)
· acclaimed 칭찬[호평]을 받고 있는(=renowned)
· acclamation 환호성, 박수갈채

Q446 acute
[əkjúːt]
· 뾰족한, 예리한; (통증이) 격렬한; (상황이) 심각한; 급성의
· acutely 예리하게(=keenly), 강렬하게(=strongly)
· acuity 예리, 격렬, 심각(=sharpness)

Q447 shrewd
[ʃruːd]
· 영리한, 날카로운; 빈틈없는, 재빠른(=sharp, clever, astute, canny)
· shrewdly 기민하게, 현명하게(=astutely)

Q448 favo(u)rable
[féivərəbl]
· (상황이) 유리한(=auspicious, propitious, preferential); 호의적인
· unfavorable 호의적이지 않은, 불리한(=adverse, inimical)

Q449 adverse
[ædvə́ːrs]
· (조건 · 영향 · 날씨 등이) 부정적인, 불리한(=unfavorable); 역방향의; 반대하는
· adversary 적수, 상대편(=enemy, opponent)

Q450 ruthless
[rúːθlis]
· 무자비한, 무정한; 냉혹한(=merciless, scathing, draconian)
· ruthlessly 무자비하게

illiterate
글자를 모르는
O426

perishable
상하기 쉬운
O431

augment
증가시키다
O436

despicable
비열한
O441

acute
뾰족한, 예리한
O446

retrospect
회상하다
O427

prevail
널리 퍼지다, 유행하다
O432

opulent
사치스러운
O437

humiliate
창피를 주다
O442

shrewd
영리한, 빈틈없는
O447

compound
복합의, 합성의
O428

profitable
수익성이 좋은
O433

copious
풍부한
O438

mortify
굴욕감을 주다
O443

favorable
유리한
O448

reciprocal
상호 간의
O429

lavish
낭비벽이 있는, 후한
O434

distribute
분배하다
O439

stigma
치욕, 낙인
O444

adverse
역방향의, 불리한
O449

mutual
상호의
O430

stingy
인색한
O435

deplete
다 써버리다
O440

acclaim
nominate 지명하다
갈채하다
O445

ruthless
Adolf Hitler
무자비한
O450

0401 disperse
[dispə́ːrs]

흩뜨리다(=scatter, disseminate); 흩어지다; 쫓아버리다(=dispel), 해산시키다
· dispersal / dispersion 해산, 분산, 확산
· dispersity 분산도

0402 permeate
[pə́ːrmièit]

스며들다(=pass through, penetrate, impregnate, infiltrate), 퍼지다(=spread)
· permeation 침투, 삼투, 스며듦(=infiltration)
· permeable 투과성[삼투성]의 ↔ impermeable 스며들지 않는, 불침투성의

0403 inundate
[ínəndèit]

범람시키다, 물에 잠기게 하다(=flood, overflow, engulf); 쇄도하다
· be inundated with 물에 잠기다(=be flooded[deluged] with); ~에 압도당하다

0404 vanish
[vǽniʃ]

(갑자기) 사라지다, 없어지다(=disappear); 희미해지다
· vanishing 사라지는
· banish 추방하다, 유형에 처하다

0405 recede
[risíːd]

물러나다[into](=retreat, withdraw); 감퇴하다(=ebb); 감소하다
· recess 움푹한 곳, 우묵 들어간 곳; 휴회, 휴식(=rest); 후퇴, 후미진 곳; 불경기
· recession 퇴거, 후퇴, 퇴장; 후미진 곳; 불경기

0406 induce
[indjúːs]

설득하여 ~시키다(=persuade); 야기하다(=cause)
· inducement 유도, 유인; 자극, 동기
· inductive 귀납적인; 유도의 induction 취임; 귀납법

0407 abolish
[əbáliʃ]

(법률·제도·습관을) 폐지하다(=do away with, abrogate, eliminate, destroy)
· abolition 폐지, 박멸 abolitionist 노예제도 폐지론자

0408 supplant
[səplǽnt]

(폭력으로) 대체하다; (사람을) 대신하다(=replace, substitute, supersede)

0409 resume
[rizúːm]

다시 시작하다, 재개하다(=begin again, restart, recommence)
· resumption 되찾음, 회수; 재개, 속행
· resume[rézumèi] 이력서, 요약, 적요

0410 resilience/-cy
[rizíljəns, -si]

회복력; (원상으로 돌아가는) 탄력, 탄성(=elasticity, flexibility)
· resilient 회복력이 있는, 원상으로 돌아가는; 탄력 있는; 쾌활한

0411 constant
[kánstənt]

끊임없이 계속하는(=perpetual, persistent, relentless, incessant); 불변의
· constantly 끊임없이, 항상, 빈번히(=incessantly, unceasingly, at every turn)
· inconstant 변하기 쉬운, 일정하지 않은

0412 fortuitous
[fɔːrtjúːitəs]

우연히 일어난, 뜻밖의(=accidental, incidental, unexpected)

0413 autonomous
[ɔːtánəməs]

자치권이 있는, 자치의(=self-governing); 독립적인(=independent)
· autonomy 자치권; 자율성 · 자주성
· heteronomous 타율의 heteronomy 타율, 타율성

0414 intermittent
[ìntərmítnt]

간헐적인, 때때로의(=recurrent, sporadic)
· intermittently 간헐적으로, 단속적으로(=periodically)

0415 staggering
[stǽgəriŋ]

(너무 엄청나서) 충격적인, 믿기 어려운(=astonishing, amazing)
· stagger 비틀거리다(=stumble); 주저하다

0416 cover
[kʌ́vər]

덮다; 감추다, 보호하다; 포함하다; (범위로) 보도하다; 취재하다, 보도하다
· coverage (보험의) 보상 범위; 시청 범위; 신문 보도 범위; 보도, 취재
· coverture 덮개, 외피; 은폐소; 은폐

0417 circumvent
[sɔ̀ːrkəmvént]

(교묘하게 또는 불법적으로) 회피하다(=avoid); 방해하다(=cramp)
· circumvention (계략으로) 속임; 우회

0418 refrain
[rifréin]

그만두다, 자제하다[from](=stop, abstain, hold oneself back); 불평(=complaint)

0419 menace
[ménis]

협박, 공갈(=threat, blackmail, intimidation); 위협하다(=threaten, intimidate)
· menacing 위협적인(=threatening, intimidating)

0420 impact
[ímpækt]

영향(력), 강타, 효과(=effect, influence, repercussion); 충돌하다
· impactive 충격의; 강타의; 충격적인, 강렬한

0421 punctuality
[pʌ̀ŋktʃuǽləti]

시간 엄수, 지체하지 않음(=being on time)
· punctual 시간을 잘 지키는; 늦지 않는(=on time)
· on time 정각에 맞게; 정각에

0422 epitome
[ipítəmi]

(the ~) 전형[적인 예](=essence, quintessence); 줄거리, 발췌
· epitomize ~의 전형이다(=typify, exemplify, embody; 요약하다(=encapsulate)

0423 applaud
[əplɔ́ːd]

박수갈채하다, 칭찬하다(=clap, acclaim, hail)
· applause 박수갈채; 칭찬
· plaudit 갈채, 박수, 칭찬

0424 equal
[íːkwəl]

~와 같다; ~에 필적하다(=come up to); ~에 필적하는[to]; 동등한 것
· be equal to ~에 필적하다; ~을 다룰 능력을 갖추다
· equality 평등, 동등, 균등 ↔ inequality 불평등, 불공평

0425 similar
[símələr]

유사한, 비슷한[to](=like, homogeneous, parallel)
· similarity 유사성, 비슷함 similitude 유사, 닮은 것; 비유
· dissimilar ~와 비슷하지 않은, 다른

disperse
흩뜨리다

O401

permeate
퍼지다, 스며들다
O402

inundate
범람시키다
O403

vanish
사라지다
O404

recede
서서히 물러나다
O405

induce
권유하다

O406

abolish
폐지하다
O407

supplant
stand in sb's shoes – 을 대신하다
대신하다
O408

resume
다시 시작하다
O409

resilience
탄력
O410

constant
끊임없이 계속하는

O411

fortuitous
뜻밖의
O412

autonomous
자치의, 자율적인
O413

intermittent
간헐적인
O414

staggering
충격적인
O415

cover
Independence Day(1996)
덮다, 포함하다, 보도하다

O416

circumvent
교묘히 회피하다
O417

refrain
삼가하다
O418

menace
위협
O419

impact
충돌, 영향
O420

punctuality
시간 엄수

O421

epitome
전형, 모범
O422

applaud
박수갈채하다
O423

equal
동등한, 필적하는
O424

similar
as like as two peas
흡사한, 꼭 닮은
유사한, 비슷한
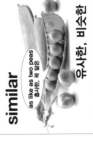
O425

DAY 16

0376 voluntarily
[vɑ́ləntèrili]
- 자발적으로, 임의로(=of one's own accord, of one's own free choice)
- voluntary 자발적인, 임의의, 고의의(=spontaneous)
- involuntary 본의 아닌, 무의식중의(=unintentional)

0377 benevolent
[bənévələnt]
- 인정 많은(=kindly, philanthropical, generous, benign)
- benevolence 자비심, 인정; 선행
- malevolent 악의 있는, 사악한(=wicked, spiteful, malicious, ruthless)

0378 destitute
[déstətjùːt]
- 빈곤한, 극빈의; 궁핍한(=poor, impoverished); ~이 결핍한, 없는[of]
- destitution 결핍 (상태); 빈곤, 궁핍(=privation)

0379 predicament
[pridíkəmənt]
- 곤경, 궁지; 상태
- predicate (어떤 근거에) 입각하다(=make do with, get along with)

0380 manage
[mǽnidʒ]
- 간신히 ~하다[to R]; 그럭저럭 꾸려나가다[with](=make do with, get along with)
- manageable 관리할 수 있는, 감당할 수 있는
- management 경영, 관리, 지배, 감독

0381 adamant
[ǽdəmənt]
- 완강한, 단호한(=inflexible, obstinate, unyielding, unruly)
- adamancy 완고, 불굴

0382 robust
[roubʌ́st]
- (체격이) 강건한, 건장한; 튼튼한(=strong, vigorous, sturdy)
- robustness 건장함; 강함(=strength)

0383 prodigious
[prədídʒəs]
- (놀라울 정도로) 엄청난, 거대한(=huge); 경이로운
- prodigy 비범, 경이; 영재, 신동; 불가사의

0384 considerable
[kənsídərəbl]
- 중요한, 무시하지 못할; 적지 않은, 상당한
- considerably 상당히, 매우(=greatly)
- considerate 사려 깊은, 신중한(=thoughtful); (남을) 배려하는(=solicitous)

0385 extensive
[iksténsiv]
- 광대한, 넓은(=broad, widespread); (수 · 양이) 엄청난(=ample, affluent)
- extensively 널리, 광범위하게
- extension 연장; 확장; 증가; 내선번호; (영향) · 지식의) 범위, 한도

0386 desert
[dézərt, dizɔ́ːrt]
- 사막, 황야(=wilderness); 불모의(=arid); 버리다, 유기하다(=abandon)
- deserted 황폐한, 버려진(=derelict, desolate); 직무 태만의
- dessert[dizɔ́ːrt] 디저트, 후식 dissertation 논문, 논설

0387 evacuate
[ivǽkjuèit]
- (장소 · 집 등을) 비우다; (위험 지역에서) 대피[소개] · 철수시키다(=remove)
- evacuation 명도; 소개, 피난; 배설

0388 inhabitant
[inhǽbətənt]
- 거주자, 주민(=denizen, resident, dweller); 서식 동식물
- uninhabited 사람이 살지 않는, 주민이 없는; 무인의
- habitable 거주할 수 있는, 거주하기에 적합한

0389 inhibition
[ìnhəbíʃən]
- 금지, 금제(=prohibition); 억제, 자제력(=restraint); 거리낌
- inhibit 금하다; (스스로) 억제하다, 억누르다(=hinder, constrain)

0390 facilitate
[fəsílətèit]
- (일을) 용이하게 하다; 촉진[조장]하다(=expedite, promote)
- facility (쉽게 배우거나 행하는) 재주, 재능(=talent, skill); 유창함(=fluency)
- facile 손쉬운, 쉽게 얻을 수 있는

0391 expediency
[ikspíːdiənsi]
- (도덕적이기 보다는) 편리한 방편, 편법; 편의주의
- expedient (수단 따위가) 편의주의적인; 편법
- expedite (사무 따위를) 촉진하다; 신속히 처리하다(=facilitate)

0392 isolate
[áisəlèit]
- 고립시키다, 격리[분리]하다[from](=set apart, seclude, insulate)
- isolated (장소가) 고립된, 외딴; 유례없는, 유일한(=insulated)
- isolation 격리, 분리; (교통 · 차단, 절연; 고립

0393 proximity
[prɑksíməti]
- (시간 · 장소, 관계 등의) 접근, 근접(=closeness, nearness, contiguity)

0394 contagious
[kəntéidʒəs]
- (접촉) 전염(성)의; 옮기 쉬운(=infectious, communicable); 보급자의
- contagion (접촉에 의한) 질병의 전염, 전염병

0395 foundation
[faundéiʃən]
- (건물의) 토대; 기반, 근거(=ground, bedrock, underpinning); 재단; 설립
- found 기초를 세우다; 설립하다; 창시하다(=establish)
- fundamental 기초의, 기본적인; 주요한; 타고난; (pl.) 기초, 기본, 원리

0396 resentment
[rizéntmənt]
- 분개, 분노(=anger, indignation)
- resent 분개하다; 괘씸하게 생각하다; 원망하다
- resentful 화난, 분개한; 원망하는; 성 잘 내는

0397 gloomy
[glúːmi]
- (기분이) 우울한(=dismal); (경치 · 날씨가) 음침한(=dark, somber, bleak); 비관적인

0398 ominous
[ɑ́mənəs]
- 불길한, 나쁜 징조의; (~의) 징조가 되는(=inauspicious), 흉악한
- omen (특히 불길한) 전조, 징조; 예언; 징조가 되다

0399 eccentric
[ikséntrik]
- (사람 · 행동 등이) 별난, 기이한(=strange, odd, peculiar, idiosyncratic)
- eccentricity 이상함, 별남, 엉뚱함; 기행(=peculiarity)

0400 distort
[distɔ́ːrt]
- (형체 · 모습을) 비틀다; (사실 · 생각을) 왜곡하다(=warp, misrepresent)
- distorted 일그러진; 비뚤린; 왜곡된(=warped, skewed)
- distortion 찌그러뜨림; 왜곡, 곡해

이미지 연상훈련 IMAGE TRAINING

manage 간신히 하다, 잘 해나가다 ○380

predicament 곤경, 궁지 ○379

destitute 빈곤한 ○378

benevolent 자비로운 ○377

voluntarily 자발적으로 ○376

extensive 광대한, 넓은 ○385

considerable 상당한 ○384

prodigious 거대한 ○383

robust 강건한, 튼튼한 ○382

adamant 요지부동의 ○381

facilitate 용이하게 하다 ○390

inhibition 금지 ○389

inhabitant 거주자, 주민 ○388

evacuate 피난시키다 ○387

desert 사막, 버리다 ○386

foundation 토대, 기반 ○395

contagious 전염성의 ○394

proximity 근접 ○393

isolate 고립시키다 ○392

expediency 편법, 편의주의 ○391

distort 뒤틀다 ○400

eccentric 별난 ○399

ominous 불길한 ○398

gloomy 우울한, 어두운 ○397

resentment 분노 ○396

0351 loquacious
[loukwéiʃəs]
수다스러운, 말이 많은(=talkative, garrulous, verbose)
· loquacity 수다, 다변

0352 tedious
[tíːdiəs]
지루한, 따분한(=boring, dull, irksome, tiresome, prosaic, monotonous)
· tedium 지겨움, 권태, 지루함

0353 concise
[kənsáis]
간단명료한(=brief, simple, succinct, terse); (책이) 축약된
· concisely 간단하게(=laconically) conciseness 간결함(=brevity)

0354 diminish
[dimíniʃ]
줄다, 감소하다; 줄이다(=decrease, attenuate)
· diminutive 작은, 소형의; 지소의(=small, tiny) diminishing 점감하는

0355 deduct
[didʌ́kt]
빼다, 공제하다(=subtract)
· deduction 공제, 삭감; 공제액; 추론(=surmise, conjecture); 연역법
· deduce 연역하다, 추론하다(=infer) deducible 추론할 수 있는

0356 periphery
[pərífəri]
(원·곡선 등의) 주위, 주변, 바깥둘레(=fringe)
· peripheral 주위의, 주변의(=minor, marginal); 주변적인; 피상적인
· peripherally 말초로, 주변으로

0357 nominal
[nάmənl]
명목(명의)상의; 이름의(=titular); 아주 작은, 하찮은(=insignificant)

0358 distraction
[distrǽkʃən]
기분 전환, 오락거리(=entertainment); 집중을 방해하는 것, 산만함
· distract (주의를) 딴 데로 돌리다; (정신을) 혼란시키다
· distracted 얼빠진, 정신이 흐트러진 distraught 미친, 정신이 흐트러진

0359 converge
[kənvə́ːrdʒ]
(한 점에) 모이다, 집중되다(=gather); 한데 모이다
· convergent 점차 집중하는, 한 점에 모이는 convergence 집중성, 수렴
· diverge 분기하다; (의견이) 갈라지다 divergent 분기하는; (의견 등이) 나뉘는

0360 condense
[kəndéns]
요약하다, 간략하게 하다(=abbreviate); 농축하다
· condensed 압축된, 농축된; 요약된
· dense 빽빽한; (안개가) 짙은; (인구가) 조밀한; 멍청한(=stupid)

0361 perfunctory
[pərfʌ́ŋktəri]
형식적인, 기계적인(=superficial, cursory); 마지못해 하는(=unwilling)

0362 frivolous
[frívələs]
경박한, 경솔한(=careless, flippant, imprudent); 까부는, 시시한(=trivial)
· frivolity 까부는 짓, 시시함일

0363 impetuous
[impétʃuəs]
(기질·행동 등이) 성급한(=impulsive, hasty); 열정적, 맹렬한
· impetus 움직이게 하는 힘, 운동력, 탄력; 자극

0364 drastic
[drǽstik]
격렬한, 맹렬한(=violent); 대폭적인, 급격한(=dramatic)
· drastically 과감하게, 급격하게(=severely, violently)

0365 impending
[impéndiŋ]
(불길한 일이) 절박한, 박두한(=imminent, forthcoming)

0366 fastidious
[fæstídiəs]
까다로운, 깔끔을 떠는, 가리는(=meticulous, fussy, squeamish)

0367 adroit
[ədrɔ́it]
교묘한, 손재주가 있는; 기민한(=skillful, seasoned)
· adroitness 손재주, 기민함(=dexterity) adroitly 교묘하게, 능숙하게(=dexterously)
· maladroit 서투른, 솜씨 없는(=clumsy)

0368 vigilant
[vídʒələnt]
경계하고 있는, 방심하지 않는(=watchful, alert)
· vigilance 경계; 조심; 불침번(=watchfulness)

0369 agile
[ǽdʒəl]
(생김새나 동작이) 민첩한, 기민한, 재빠른(=quick-moving, nimble)
· agility 민첩(성), 기민(=nimbleness)

0370 agitate
[ǽdʒitèit]
(마음을) 교란시키다, 동요시키다(=disturb, roil); 선동하다(=stir up)
· agitation 동요, 불안(=nervousness, frenzy, commotion); 선동

0371 genuine
[dʒénjuin]
진짜의(=real, authentic); (동물이) 순종의; 성실한, 진심의(=sincere)

0372 congenial
[kəndʒíːnjəl]
(건강 등에) 알맞은; 쾌적한(=pleasant, favorable); 마음이 맞는
· congeniality 일치, 적합성
· uncongenial 성질이 맞지 않는(=alien)

0373 benign
[bináin]
상냥한, 친절한(=kindly, gentle, obliging, favorable, benevolent); 양성의
· benignly 상냥하게(=favorably)

0374 inherent
[inhíərənt]
본질적인(=essential, intrinsic); 내재적, 타고난(=inborn, congenital)
· inherently 본질적으로

0375 extraneous
[ikstréiniəs]
비본질적인, (주제와) 직접적인 관계가 없는(=irrelevant); 외래의
· external 외면의, 외래의; 외부

loquacious
말이 많은
O351

tedious
지루한
O352

concise
간단명료한
O353

diminish
줄다, 감소하다
O354

deduct
공제하다
O355

periphery
주위, 주변
O356

nominal
명목상의
O357

distraction
기분전환, 오락거리
O358

converge
모이다
O359

condense
농축하다, 요약하다
O360

perfunctory
기계적인
O361

frivolous
경솔한
O362

impetuous
성급한
O363

drastic
맹렬한, 급격한
O364

impending
절박한
O365

fastidious
까다로운, 꼼꼼한
O366

adroit
손재주가 있는, 교묘한
O367

vigilant
경계하고 있는
O368

agile
민첩한, 재빠른
O369

agitate
동요시키다
O370

genuine
진짜의, 진품의
O371

congenial
쾌적한, 마음이 맞는
O372

benign
상냥한, 친절한
O373

inherent
타고난
O374

extraneous
주제와 관계없는
O375

0326 attract [ətrǽkt]
- (반응 · 관심을) 끌다, 매료하다(=lure); 끌어모으다(=garner)
- attractive 마음을 끄는, 매력적인; (사람이) 매혹적인(=inviting, appealing)
- attraction 매력, 끌림, 유인력

0327 entice [intáis]
- 꾀다(=시키다), 부추기다; 유혹하다(=allure)
- enticing 마음을 끄는, 유혹적인!
- enticement 유혹, 꾐; 미끼; 매력

0328 arduous [ɑ́ːrdʒuəs]
- (일이) 힘이 많이 드는, 고된(=difficult, laborious, strenuous)
- ardent 열렬한(=eager, fervent); 불타는

0329 stringent [stríndʒənt]
- (규칙 등이) 엄중한, 엄격한(=strict, rigorous); 긴축의
- stringently 가차 없이

0330 strict [strikt]
- (규칙이) 엄격한; (타인에 대해) 엄한(=rigorous, stringent, stern, puritanical)
- strictly 엄격히, 엄밀히, 정확하게(=rigidly)
- strictness 엄격함(=rigor)

0331 hostile [hάstl, -hάs táil]
- 적의 있는, 적대하는(=antagonistic); 적(敵)의
- hostility 적의, 적대; 적대행위

0332 conflict [kάnflikt]
- 싸움, 격투, 분쟁(=strife); (의견의) 충돌, 마찰, 대립하다, 충돌하다
- in conflict with ~와 상충하여
- conflicting 서로 싸우는, 상충되는(=clashing, mutually disagreeing, incongruous)

0333 refute [rifjúːt]
- 논박하다, 반박하다(=refute, contravene)
- refutation 논박, 반박; 반증(=rebuttal)
- refutable 반박할 수 있는 ↔ irrefutable 반박할 수 없는

0334 disprove [dispruːv]
- 틀렸음을 입증하다, 반박하다(=disprove)
- disproof / disproval 반증, 반박
- prove 증명하다; (~임이) 드러나다(=attest, turn out)

0335 subject [sʌ́bdʒikt]
- 영향을 받기 쉬운; ~에 달려 있는; 지배를 받는[to]; 주제, 주어
- be subject to ~을 받다, ~에 걸리기 쉽다 be subjected to ~(실은 일을) 당하다
- on the subject of ~에 관하여, ~이라는 제목으로

0336 allege [əlédʒ]
- (증거 없이) 우겨대다, 강력히 주장하다
- alleged 추정된; (흔히) ~이라고 말하는(=purported, presumed, supposed)
- allegedly 전해지는 바에 의하면, 이론상; 소위(=purportedly)

0337 compelling [kəmpéliŋ]
- 흥미진진한(=interesting); (이론이) 설득력 있는; 강제적인(=forceful)
- compel ~시키다, 강요하다(=force, coerce)

0338 coherent [kouhíərənt]
- (이야기 등이) 일관성 있는, 일치하는(=consistent, logical)
- coherence 응집; 일관성
- incoherent 일관성이 없는 incoherence 앞뒤가 맞지 않음

0339 congruous [kάŋgruəs]
- 일치하는, 조화하는[to, with](=harmonious, compatible);
- congruence 일치, 적합, 조화; 적합성 congruent 일치하는, 조화된
- incongruous 조화하지 않는, 모순된(=conflicting)

0340 disrupt [disrʌ́pt]
- (제도 · 모임 · 교통 · 통신의) 정상적인 진행에 지장을 주다; 붕괴시키다; 분열시키다
- disruption 분열(=severance); 붕괴; 중단; 두절; 혼란
- disruptive 분열[붕괴]시키는; 혼란을 일으키는

0341 obvious [άbviəs]
- (누가 봐도) 확실한[분명한], 뻔한(=apparent, evident, palpable, overt)
- obviously 확실하게, 분명하게(=glaringly)

0342 complicated [kάmpləkèitid]
- 복잡한, 뒤섞인; 이해하기 어려운(=complex, intricate, elaborate)
- complication 복잡; 곤란한 문제; 합병증
- complicate 복잡하게 하다; 뒤얽히게 만들다

0343 lucid [lúːsid]
- 투명한; (글이나 문체가) 명쾌한, 알기 쉬운(=clear, limpid)
- lucidity 명쾌, 명료; 정상상태(=perspicuity)
- lucidly 투명하게; 명쾌하게(=clearly)

0344 imperceptible [impərséptəbl]
- 지각[감지]할 수 없는, 알 수 없는(=indiscernible, unnoticeable)
- imperceptibly 지각[감지]할 수 없을 정도로(=invisibly)
- perceptible 지각할 수 있는; 눈에 띄는(=visible)

0345 prescient [préʃənt]
- 미리 아는, 선견지명이 있는(=prophetic)
- prescience 예지, 선견, 혜안; 통찰(=foresight)
- omniscient 전지(全知)의; 박식한(=all-knowing)

0346 concede [kənsíːd]
- (마지못해) 인정하다, 시인하다(=admit as true)
- concession 인정, 양여; 양도; 구내매점(=compromise)
- cede 양도하다, 인도하다, 양보하다(=yield)

0347 conformity [kənfɔ́ːrməti]
- (사회관습이나 법률에) 따름, 순응(=agreement with customs or rules)
- conform 따르다, (규칙에) 따르[게 하]다, 순응하다(=adjust to; comply with)
- nonconformist 순응하지 않는 사람; (영) 국교반대자

0348 comparison [kəmpǽrisn]
- 비교, 대조; 유사, 필적; 비유
- in comparison with ~와 비교해 볼 때(=in proportion to)
- comparative 비교의; 상당한 comparable 비교할 수 있는; ~에 필적하는

0349 accept [əksépt]
- (초대 등을) 받아들이다, 허락하다(=allow, permit); 순응하다; 감수하다
- acceptable 받아들일 만한; (사회적으로) 용인되는
- accepted 일반적으로 인정된(=permitted)

0350 anticipate [æntísəpèit]
- 기대하다, 고대하다; 예상하다, 미리 예방하다(=forestall)
- anticipant 예상을 나타내는, 앞서는 anticipation 예상, 기대

attractive 마음을 끄는 O326

entice 유혹하다 O327

arduous 힘이 많이 드는 O328

stringent 엄격한 O329

strict 엄격한 O330

hostile 적대하는, 적의 O331

conflict 싸움 O332

refute 반박하다 O333

disprove 반박하다 O334

subject 지배를 받는 O335

allege 우겨대다 O336

compelling 어쩔 수 없는, 강제적인 O337

coherent 일치하는 O338

congruous 조화하는 O339

disrupt 붕괴시키다, 지장을 주다 O340

obvious 분명한, 뻔한 O341

complicated 복잡한 O342

lucid 명료한 O343

imperceptible 감지할 수 없는 O344

prescient 미리 아는 O345

concede 마지못해 인정하다 O346

conformity 관습에 따르는 것 O347

comparison 비교, 대조 O348

accept 받아들이다, 허락하다 O349

anticipate 고대하다 O350

0301 absurd
[æbsə́ːrd]
어리석은; 우스꽝스러운(=ridiculous, foolish); 모순된(=preposterous)
· absurdity 불합리, 부조리; 어리석음

0302 mean
[míːn]
비열한; 인색한; (pl.) 방법, 수단; 제목, 자산; ~을 의미하다
· meaningful 의미 있는 중요한
· no mean 훌륭한, 대단한(=great)

0303 reliable
[riláiəbl]
(사람이) 믿을 수 있는, 의지할 수 있는(=trustworthy, dependable)
· reliant 신뢰하는, 의지하는; 독립심이 있는
· reliance 의존; 신뢰, 신용 reliability 믿음직함; 신뢰도, 확실성

0304 responsible
[rispάnsəbl]
(결과에) 책임을 져야 할[for](=accountable); 원인이 되는
· irresponsible 무책임한; 신뢰할 수 없는(=undependable)
· responsive 대답하는; 감동받기 쉬운; 민감한

0305 assiduous
[əsídʒuəs]
부지런한(=diligent, industrious, sedulous); 끈질긴(=indefatigable)
· assiduity 근면, 전념 assiduously 부지런히

0306 impeccable
[impékəbl]
결점 없는; 죄 없는(=flawless, faultless, immaculate, irreproachable)
· peccable 죄를 짓기 쉬운, 과오를 범하기 쉬운

0307 accuse
[əkjúːz]
고발[소]하다; 비난하다(=charge)
· be accused of ~의 혐의로 기소되다, 비난받다(=be charged with)
· accused 고발[소]; 기소된; (the ~) 피고인(=charged)

0308 culprit
[kʌ́lprit]
범인; 피고인(=guilty person, offender, the accused, malefactor); 문제의 원인

0309 accomplice
[əkάmplis]
공범, 방조범(=helper)
· complicity (범죄 등의) 공모; 공모(=accomplice)
· complicit 공모한, 연루된(=involved)

0310 intrigue
[intríːg]
당황하게 하다(=perplex); 흥미를 끌다; 음모, 밀통
· intriguing 음모를 꾸미는; 흥미를 돋우는(=fascinating)

0311 simultaneously
[sàiməltéiniəsli]
동시에; 일제히(=concurrently, at the same time)
· simultaneous 동시에 일어나는(=concurrent, synchronous)

0312 concurrent
[kənkə́ːrənt]
동시에 일어나는(=simultaneous); 수반하는; 일치하는
· concur 동의하다[with](=see eye to eye on); 동시에 일어나다
· concurrently 동시에; 일제히(=simultaneously) concurrence 의견일치; 동시 발생

0313 coincide
[kòuinsáid]
(~과) 동시에 일어나다[with](=occur at the same time as); 부합하다
· coincidence (우연의) 일치; 동시발생
· coincidental 동시에 일어나는 coincidental (우연적인) 동시 발생의

0314 accidental
[æ̀ksədéntl]
우연의; 뜻하지 않은(=fortuitous)
· accident 사고, 재난; 우연한 사건; 부대적 사정
· accidentally 우연히, 뜻하지 않게

0315 continually
[kəntínjuəli]
계속적으로, 끊임없이, 줄곧(=day in and day out, steadily)
· continual 끊임없는, (시간이) 연속적인
· continuous 연속의, 계속적인(=persistent, ceaseless)

0316 acquit
[əkwít]
무죄라고 하다, (혐의를) 벗겨주다(=exonerate, absolve); 석방하다
· acquittal 무죄, 석방; 변제, 이행

0317 emancipate
[imǽnsəpèit]
(노예 등을) 해방하다, 석방하다(=release, liberate)
· emancipation (노예 등의) 해방(=manumission)

0318 counterfeit
[káuntərfìt]
위조[모조]하다(=counterfeit); (거짓을) 꾸며내다; 어설게 만들어내다
· forgery 위조; 문서 위조죄; 위조물자(=fabrication)
· forger 위조자; 날조자(=forgery)

0319 forge
[fɔ́ːrdʒ]
가짜의, 위조의(=fake, counterfeit)
· spuriously 부정하게; 가짜로

0320 spurious
[spjúəriəs]
가짜의, 가짜의(=fake, counterfeit)
· spuriously 부정하게; 가짜로

0321 conceal
[kənsíːl]
감추다, 비밀로 하다(=hide, camouflage, whitewash)
· concealment 은닉, 숨김

0322 trickery
[tríkəri]
사기, 속임수 농간(=swindle, legerdemain, chicanery, deception)
· trick 속이다; 장난치다; 속임수; 장난; 농담; 재주, 비결; 마술
· tricky 엉큼하거나 교활한; 다루기 힘든

0323 pretentious
[priténʃəs]
(사람이) 허세 부리는, 가식적인(=pompous, showy, ostentatious)
· unpretentious 잘난 체 하지 않는, 가식이 없는

0324 deprivation
[dèprəvéiʃən]
박탈; 몰수(=dispossession); (생활필수품의) 결핍, 궁핍(=deficiency)
· deprive (~에게서 ~을) 빼앗다, 박탈하다 deprived 궁핍한; 불우한
· privation 상실; (생활필수품의) 결핍, 궁핍(=destitution)

0325 delinquent
[dilíŋkwənt]
비행을 저지른; 비행청소년의(=law-breaking); 직무태만의; 직무태만자
· delinquency (직무) 태만; (세금) 체납; 비행

이미지 연상훈련 IMAGE TRAINING

assiduous
근면한 · O305

intrigue
당혹하게 하다 · O310

continually
끊임없이 · O315

spurious
가짜의 · O320

delinquent
비행을 저지른 · O325

responsible
책임지야 할 · O304

accomplice
공범 · O309

accidental
우연의, 뜻하지 않은 · O314

diploma
입증하다 · O319

deprivation
박탈, 몰수 · O324

reliable
의지할 수 있는 · O303

culprit
피고인, 범인 · O308

coincide
동시에 일어나다 · O313

counterfeit
위조의 · O318

pretentious
허세부리는 · O323

mean
초라한, 인색한 · O302

be accused of
혐의로 기소되다 · O307

concurrent
동시에 일어나는 · O312

emancipate
노예해방선언 해방하다 · O317

trickery
속임수 · O322

absurd
우스꽝스러운 · O301

impeccable
결점 없는 · O306

simultaneously
동시에 · O311

acquit
석방하다 · O316

conceal
감추다 · O321

0276 consume
[kənsúm]
· 소비하다; 다 써버리다(=use up), 낭비하다; 먹다, 마시다
· consumption 소비, 소비량; 먹다; 폐결핵(=use)
· consumer 소비자, 수요자

0277 insatiable
[inséiʃəbl]
· 만족할 줄 모르는(=unquenchable), 탐욕스러운
· insatiably 탐욕스럽게
· satiable 만족시킬 수 있는

0278 obesity
[oubíːsəti]
· 비만, 비대(=extreme fatness)
· obese 지나치게 살찐, 몽똥한(=overweight, corpulent)

0279 obedient
[oubíːdiənt]
· 순종하는, 유순한; ~의 말을 잘 듣는[to](=compliant, amenable, docile)
· obey 복종하다, 말을 잘 듣다; 명에 따르다 obedience 복종, 순종, 공손함
· disobedient 순종하지 않는, 반항적인[to](=rebellious)

0280 antidote
[ǽntidòut]
· (~에 대한) 해독제[to](=remedy); (악영향 등의) 방어수단, 대책[to]
· antidotal 해독(성)의

0281 emerge
[imə́ːrdʒ]
· (보이지 않다가) 나타나다, 출현하다(=obtrude)
· emergence 출현, 발생; 탈출(=appearance)
· emergent 갑자기 나타나는(=appearing)

0282 merge
[məːrdʒ]
· 병합하다, 통합하다; 융합하다(=blend, combine)
· merger (회사·사업의) 합병 합동(=consolidation, amalgamation); (권리의) 혼동

0283 segregate
[ségrigèit]
· 격리하다[시키다](=set apart); 분리하다; 차별대우를 하다
· segregation 분리, 격리; 인종 차별(=separation)

0284 differentiate
[dìfərénʃièit]
· 구별하다, 구별 짓다[from](=distinguish); 차별대우를 하다(=discriminate)
· differ 다르다, 동의하지 않다 differentiation 구별, 차별(화)(=discrimination)
· differential 차이[구별]의 difference 다름, 상이; 차이점

0285 narrow
[nǽrou]
· 좁히다[좁아지다](=taper off); 제한하다; 가까스로의, 간신히 이룬
· narrowly 간신히, 가까스로(=by the skin of one's teeth)

0286 coerce
[kouə́ːrs]
· 강제하다, 위압하다, 강요하다[into](=compel)
· coercion 강제, 위압 coercive 강제적인, 위압적인

0287 obstinate
[ɑ́bstənət]
· 완고한, 고집 센; 다루기 힘든(=stubborn, determined); 난치의
· obstinacy 완고, 고집 집요; (병의) 난치(=stubborness)

0288 rebellious
[ribéljəs]
· 반항하는; 반대하는; 반란을 일으키는(=disobedient)
· rebel(rébəl) 반역자, 반란자; 반항을 일으키다
· rebellion 모반, 반란; 폭동; 반항, 저항(=mutiny)

0289 retaliate
[ritǽlièit]
· (같은 방법으로) 보복하다, 앙갚음하다(=revenge, get even with)
· retaliation (같은 방법에 의한) 앙갚음, 보복

0290 turmoil
[tə́ːrmɔil]
· 소란, 소동, 혼란(=upheaval, confusion, commotion, disturbance)
· in a turmoil 혼란에 빠져
· turmoil 소란, 소동, 법석; 동요, 폭동; turmultuous 소란스러운; 사나운, 거친

0291 reconcile
[rékənsàil]
· 응화시키다; 화해시키다, 조정하다
· reconciliation 화해; 조정, 조화(=pacification)
· irreconcilable 조화하지 않는, 양립할 수 없는(=incompatible)

0292 dismay
[disméi]
· 크게 실망시키다; 경악하게 만들다(=discourage, disappoint); 실망, 경악

0293 exacerbate
[igzǽsərbèit]
· (고통·병·감정 등을) 악화시키다(=aggravate)
· exacerbation 분노; 악화
· acerbate 쓰게 하다; 화나게 하다; 쓰라린, 신랄한; 화나는

0294 confused
[kənfjúːzd]
· (사람이) 혼란스러워 하는, 당황한(=perplexed, confounded, befuddled, turbid)
· confuse 혼동하다, 당황케 하다; 좌절시키다(=confound, distract)
· confusion 혼란, 혼동; 당혹 confusing 혼란시키는

0295 contrast
[kɑ́ntræst]
· 대조, 대비, 대조되는 것
· in contrast 그에 반해서
· in contrast / by contrast 그에 반해서
· in contrast with ~와 대조적으로

0296 appease
[əpíːz]
· (화를) 달래다, 진정시키다(=soothe, pacify, placate, mitigate)
· appeasement 무마, 회유

0297 tranquility
[trænkwíləti]
· 평온, 고요함, 정적(=calmness, peacefulness, equanimity)
· tranquil 조용한, 고요한; 평온한; 차분한(=calm)
· tranquilize 조용하게 하다(해지다); 안정시키다(=calm down)

0298 taciturn
[tǽsətə̀ːrn]
· 말 없는, 말이 없이, 과묵한(=reticent, quiet, reserved)
· taciturnity 말 없음, 과묵(=reticence)
· tacit (암묵 등이) 암묵적인, 묵시적인(=unspoken)

0299 divulge
[divʌ́ldʒ]
· (비밀 따위를) 누설[폭로]하다, 밝히다(=reveal, disclose, betray)
· divulgence 누설, 폭로

0300 disregard
[dìsrigɑ́ːrd]
· 무시[경시]하다, 소홀히 하다(=ignore, pass over)
· regard 간주하다; 여기다(=consider), 존중하다; 응시하다
· regarding ~에 관하여(=concerning)

consume 다 써버리다
O276

insatiable 만족할 줄 모르는
O277

obesity 비만.
obese overweight corpulent fat 뚱뚱한
chubby plump 통통한
slender slim 날씬한
lean thin skinny 야윈
O278

obedient 순종하는
O279

antidote 해독제
O280

emerge 보이지 않다가 나타나다
O281

merge 통합하다
O282

segregate 분리하다, 차별하다
O283

differentiate 구별하다, 차별하다
O284

narrow 가늘어지다
O285

coerce 강요하다
O286

obstinate 고집 센,
O287

rebellious 반항하는
O288

retaliate 보복하다
O289

turmoil 혼돈, 소동
O290

reconcile 화해시키다, 중재하다
O291

dismay 크게 실망시키다
O292

exacerbate 악화시키다
O293

confused 혼란스러워하는
O294

contrast 대조
O295

appease 달래다
O296

tranquility 평온, 고요
O297

taciturn 말이 적은
O298

divulge 비밀을 누설하다
O299

disregard 무시하다
O300

0251 imminent
[ímənənt]
(위험 · 사태 등이) 임박한, 촉박한(=impending)
· imminence/-cy 절박, 촉박; 급박
· eminent 저명한; (지위가) 높은

0252 occur
[əkə́r]
일어나다, 발생하다(=happen, take place, come to pass); 생각이 떠오르다[to]
· It occurred to me ~ 나는 ~가 떠올랐다, ~가 생각났다
· occurrence 발생, 사건, 출현(=incidence, emergence)

0253 breakthrough
[bréikθrùː]
획기적인 발견, 약진(=advance, progress); 돌파구
· break through 강행 돌파하다, 극복하다

0254 indispensable
[ìndispénsəbl]
없어서는 안 되는, 긴요한(=essential, necessary, requisite, vital)
· dispensable 없어도 되는, 나누어 줄 수 있는
· dispense 분배하다, 시행 조제하다

0255 crucial
[krúːʃəl]
결정적인, 중대한(=decisive, critical, vital, pivotal)
· crucify 십자가에 못박다, 학대[박해]하다, 괴롭히다

0256 promote
[prəmóut]
증진[촉진]하다(=put forward, facilitate); 장려[승진]하다(=yield)
· promotion 승진, 진급; 촉진, 조장, 장려; 판촉
· demotion 좌천, 강등 demote 강등시키다

0257 exploit
[iksplɔ́it]
(자원 · 기회를) 이용하다(=utilize); 개척하다(=explore); 공적(=feat)
· exploitation 개척, 개발; 착취(=rip-off)

0258 auspicious
[ɔːspíʃəs]
길조의, 전도가 밝은(=lucky, fortunate, favorable, propitious)
· auspice 전조, 길조; (pl) 후원, 찬조
· inauspicious 불길한(=ominous)

0259 proceed
[prəsíːd]
(계획한 대로) 속행하다, 계속하다(=within reach); 보수, 수익금(=yield)
· process 순서, 처리, 조직; 진전, 경과
· procession 행렬 행진; 진행, 진전 procedure 진행, 절차, 수속

0260 accessible
[æksésəbl]
접근하기 쉬운, 이용할 수 있는(=within reach); 이해하기 쉬운
· access 접근, 출입; 통로; 발작
· inaccessible 도달하기 어려운, 얻기 어려운(=unreachable)

0261 comprehensive
[kàmprihénsiv]
포괄적인, 종합적인, 광범위한(=extensive, over-all, inclusive)
· comprehend (충분히) 이해하다; 포함하다
· comprehensible 이해할 수 있는, 알기 쉬운 ↔ incomprehensible 이해할 수 없는

0262 plausible
[plɔ́ːzəbl]
(말 · 진술 등이) 그럴듯한, 그럴싸한(=probable, acceptable, specious)
· plausibility 그럴듯함
· implausible 믿기 어려운, 그럴듯하지 않은

0263 down-to-earth
[dáuntuə́rθ]
현실적인, 실제적인(=practical, realistic)

0264 resolution
[rèzəlúːʃən]
결심, 결정(=decision, determination); 확고부동(=firmness); (문제의) 해결
· resolute 굳게 결심한; 단호한 불굴의(=restive)
↔ irresolute 결단력 없는, 미결의, 주저하는

0265 prescription
[priskrípʃən]
처방(전); 처방약; 규정, 명령, 시효
· prescribe 처방하다; 명령하다; 시효로 취득하다
· prescribed 규정된, 미리 정해진 prescriptive 명령하는, 지시하는

0266 erudite
[érjudàit]
학식 있는, 박식한, 학자적인(=scholarly, specialized, learned)
· erudition 박식, 학식

0267 elucidate
[ilúːsədèit]
(사실 등을) 명료하게 하다, 밝히다(=clarify, explicate), 해명하다(=explain)
· elucidation 명시, 설명, 해명

0268 pretend
[priténd]
가장하다, 짐짓 ~인 체하다(=put on an act, make believe)
· pretense / pretence 겉치레, 가식, 위장(=affectation); 과시, 자만
· pretension 요구, 주장; 자랑; 핑계

0269 assume
[əsúːm]
(사실인 것으로) 추정[상정]하다; (사물의 특징 · 양상을) 띠다(=take on)
· assumption 가정, 전제(=premise, hypothesis, supposition, speculation)
· assumed 추정되는(=putative); 가장한 assuming 건방진, 거만한(=arrogant)

0270 imitate
[ímitèit]
모방하다, 흉내 내다; 본받다(=emulate, mimic, simulate)
· imitation 모방, 흉내; 모조품(=echo, mimesis)
· inimitable 흉내 낼 수 없는, 독특한(=seldom imitated)

0271 abstruse
[æbstrúːs]
난해한, 심오한(=hard to understand, difficult, abstract)
· abstruseness 난해함; 심오함(=reconditeness)

0272 nebulous
[nébjuləs]
희미한, 불투명한; 모호한; 막연한(=hazy, obscure)
· nebulously 모호하게(=vaguely)

0273 discernible
[disə́rnəbl]
인식[식별]할 수 있는(=obvious, recognizable, cognizable)
· discern 식별하다, 분별하다; 인식하다(=descry, recognize)
· discerning 식별력이 있는, 안목이 있는

0274 blurred
[bləːrd]
(사진 · 시야가) 흐릿한, 희미한(=indistinct, hazy)
· blur 흐릿하게 하다; 흐려지다; 더러워진
· blurry 흐릿한, 더러워진

0275 furtive
[fə́rtiv]
남몰래 하는, 남의 눈을 속이는, 은밀한(=secrecy)
· furtively 몰래, 남이 안 보게, 슬그머니, 슬쩍(=stealthy, sly, clandestine)

imminent 촉박한
O251

occur in 발생하다
O252

breakthrough 돌파구
O253

indispensable 없어서는 안되는
O254

crucial 중대한
O255

promote 촉진하다
O256

exploit 이용하다
O257

auspicious 전도가 밝은
O258

proceed 속행하다, 진행하다
O259

accessible 접근하기 쉬운
O260

comprehensive 광범위한
O261

plausible 그럴싸한
O262

down-to-earth 현실적인
O263

resolution 결심, 결단력
O264

prescription 처방전
O265

erudite 학식 있는
O266

elucidate 명료하게 하다
O267

pretend ~인 체 하다
O268

assume 추정하다
O269

imitate 모방하다
O270

abstruse 난해한
O271

nebulous 희미한
O272

discernible 식별할 수 있는
O273

blurred 흐릿한, 희미한
O274

furtive 남몰래 하는
O275

0226 scanty
[skǽnti]
얼마 안 되는, 빈약한(=little, meager); (수량북 등이 적어서) 몸이 드러나는
• scant 부족한; 빈약한; 적은(=little, meager); 몹시 아끼다

0227 parsimony
[pάːrsəmòuni]
지나친 절약; 인색(=stinginess)
• parsimonious 인색한; 검소한(=stingy, frugal)

0228 pervasive
[pərvéisiv]
널리 퍼진, 만연한; (구석구석) 스며드는(=widespread, common)
• pervade (사상 등이) 만연하다; 널리 퍼지다(=imbue)
• pervasion 충만, 보급; 침투

0229 parsimony
[pάːrsəmòuni]

0230 prolific
[prəlífik]
(작가가) 다작의; 다산(多産)의, 열매를 많이 맺는(=productive, fruitful)
• prolificity 다산성; 다산력

0231 legitimate
[lidʒítəmət]
합법적인, 정당한(=justifiable, legal); 합리적인(=proper); 합법화하다
• legitimacy 정통성, 정당성; 합법성; 적법
• illegitimate 불법의; 사생아의(=born out of wedlock); 사생아

0232 adapt
[ədæpt]
적응시키다, 적합하게 하다; 적응하다(=adjust, suit); 각색하다
• adaptation 적응, 순응; 각색물; 개조
• adaptive 적응성의, 적응할 수 있는

0233 adept
[ədépt]
숙련된, 숙달된, 노련한[at](=skilled, skillful, expert); 숙련자
• adeptness 숙련
• adapt 적응시키다, 적응하다; adopt 양자로 삼다; 의결을 채택하다

0234 adequate
[ǽdikwət]
(특정한 목적이나 필요에) 충분한(적절한) (=suitable, sufficient, ample)
• adequacy 적절, 타당성
• inadequate 부적절한, 부적당한(=inappropriate); 불충분한

0235 equivalent
[ikwívələnt]
(삼리의) 등가의, 상당하는; 표응하는(=ability to think, faculty); 정량, 응량
• capacious 포용력이 있는, 넓직한; 광대한; 널찍한
• incapacity 무능력; 무자격; 지적별 incapacitate 무능력하게 하다

0236 capacity
[kəpǽsəti]
(심리의) 능력, 정신능력(=ability to think, faculty); 정량, 응량
• capacious 포용력이 있는, 넓직한; 광대한; 널찍한
• incapacity 무능력; 무자격; 지적별 incapacitate 무능력하게 하다

0237 invaluable
[invǽljuəbl]
값을 헤아릴 수 없는, 매우 귀중한(=priceless, precious, extremely useful)
• valuable 귀중한, 소중한; 유익한; (pl) 귀중품
• valueless 가치가 없는, 하찮은

0238 valid
[vǽlid]
확실한 근거가 있는, 논리적으로 타당한; 효과적인; 설득력 있는
• validate (법적으로) 입증하다(=justify); 승인하다 validity 유효성; 정당성
• invalid 효력 없는, 무효의(=unsubstantiated); 병약한(=sick); 환자

0239 appreciate
[əpríːʃièit]
시세를 바르게 평가하다, 가치를 인정하다(=justly value); 이해하다(=understand)
• appreciable 감지할 수 있는 appreciably 눈에 띄게
• unappreciated 진가를 인정받지 못한

0240 inspiration
[ìnspəréiʃən]
자극, 고취, 격려; 영감을 주는 것
• inspire 고무·격려하다; 영감을 주다(=encourage, arouse)
• inspirational 영감을 주는 inspired 영감을 받은; 영감에 의한

0241 fledgling
[flédʒliŋ]
풋내기의, 미숙한, 초보 단계의(=nascent, inexperienced, young); 애송이
• fullfledged 깃털이 다 난; 완전히 성장한; 본격적인

0242 rudimentary
[rùːdəméntəri]
원리의, 기초의(=basic, elementary); 미발달의, 원시적인(=primitive)
• rudiment 기초, 기초원리; 초보, 시작(시작)

0243 volatile
[vάlətil, -tàil]
변덕스러운, 불안정한(=capricious, unstable, fluctuating); 휘발성의, 폭발성의
• volatility 휘발성; 변덕, 증발

0244 unstable
[ʌnstéibl]
(상황이나 물질이) 불안정한, 변하기 쉬운(=precarious, volatile)
• stable 안정된, 견실한; 고정된; 마구간, 우리
• stabilized 안정된 → destabilize 불안정하게 만들다

0245 jeopardy
[dʒépərdi]
위험, 위난; (피고가) 유죄가 될 위험성(=danger, risk)
• be in jeopardy 위기에 처하다; 불안정한 상태에 있다(=hang in the balance)
• jeopardize 위태롭게 하다, 위험에 빠트리다(=endanger)

0246 undermine
[ʌ̀ndərmáin]
(건강·명성을) 해치다(=weaken, impair, destroy gradually)
• mine(máin) 광산; 광물; 광맥; 지뢰; 갱도를 파다

0247 immortal
[imɔ́ːrtl]
죽지 않는; 불멸의; 불변의; 신의
• immortality 불사; 불멸; 영원한 생명
• mortal 필멸의; 인간의; 치명적인(=fatal); 대단한(=absolute)

0248 lethal
[líːθəl]
매우 위험한, 치사의, 치명적인(=deadly, critical, dangerous)
• lethal doses 치사량 lethal weapon 흉기의 무기 흉기

0249 dire
[dáiər]
(결과 등이) 몹시 나쁜, 끔찍한(=terrible, disastrous, extremely bad)
• dire consequence 끔찍한 결과 in dire straits 심한이 몹시 좋지 않은

0250 exterminate
[ikstə́ːrmənèit]
(종족·질병·해충 따위를) 멸종시키다(=destroy, eradicate)
• exterminator 해충 구제업자; 해충 박멸약 extermination 근절, 절멸
• terminate 끝내다; 종결시키다; 끝나다(=end)

prolific 다작의, 다산의
O230

flourish 번창하다, 무성하게 자라다
O229

pervasive 널리 퍼진
O228

parsimony 인색
O227

scanty 빈약한, 몸이 드러나는
O226

equivalent 같은 가치의
O235

adequate 충분한, 적절한
O234

adapt 각색하다
O232

legitimate 합법적인
O231

appreciate 평가하다, 인정하다, 감상하다
O239

valid 논리적인, 설득력 있는
O238

invaluable 값을 헤아릴 수 없는, 매우 귀중한
O237

capacity 정신능력, 포용력
O236

inspiration 자극, 고무
O240

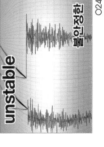
unstable 불안정한
O244

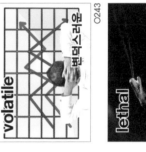
volatile 변덕스러운
O243

rudimentary 기초의, 미발달의, 원시의
O242

fledgling 풋내기의, 새끼 새
O241

jeopardy 위험
O245

dire 끔찍한
O249

lethal 치명적인
O248

immortal 영원히 죽지 않는
O247

exterminate 멸종시키다
O250

undermine 토대를 허물다
O246

0201 emulate
[émjulèit]
- (흠모하는 대상을) 모방하다(=imitate, mimic, impersonate)
- emulative 경쟁의, 지지 않으려는
- emulation 경쟁, 겨룸, 대항

0202 analogous
[anǽləgəs]
- 유사한, 닮은점(=similar to)
- analogy 유추, 유추에 의한 설명; 유사 analog(ue) 유사한 물건; 아날로그
- homologous 일치하는, 동족의

0203 identical
[aidéntikəl]
- 동일한, 꼭 같은(=same, homogenized)
- identity 동일함; 본인임; 정체(성), 신원; 독자성
- identify (~가 틀림없다고) 확인하다, 감정하다(=acknowledge)

0204 prone
[proun]
- (부정적인 방향으로) 경향이 있는[to](=likely to, inclined to, disposed to)
- proneness 성향, 경향(=predisposition)
- be prone to N/R ~하는 경향이 있다(=be likely to), ~하기 쉽다

0205 infer
[infə́r]
- (어떤 사실에 근거하여) 추론[추측]하다[from](=deduce, extrapolate)
- inference 추론, 추리; 결론; 함축된 의미

0206 commitment
[kəmítmənt]
- 위임, 떠맡은 일·직무; 헌신, 전념
- commit (죄를) 범하다; 언질하다; (의무를) 지우다
- uncommitted 언약하지 않은 commission 위임; 수수료; 위원회; 위임하다

0207 contribute
[kəntríbjuːt]
- (돈 등을) 기부하다, 주다[to](=chip in); 공헌하다(=help)
- contribution 기부, 출자; 기증품 contributor 기부자; 공헌자; 기고투고자

0208 competent
[kámpətənt]
- (~을 해 낼 능력[자격]이) 있는, 유능한(=capable)
- competence 유능, 능력(=capability, caliber)
- incompetent 무능한, 쓸모없는(=incapable)

0209 passionate
[pǽʃənət]
- 열렬한, 열정적인(=vehement, impassioned, exuberant)
- passion 열정, 격정, 정욕; 열중, 고통, 수난
- impassioned 열정적인(=passionate) dispassionate 감정에 지우치지 않는

0210 esteem
[istíːm]
- (대단히) 존경하다, 평가하다, 존중하다(=respect, admire)
- estimate 견적하다, 평가하다; 평가액, 판단; 평가, 견적
- underestimate 과소평가하다

0211 trivial
[tríviəl]
- 하찮은, 사소한(=unimportant, trifling); 평범한
- triviality 하찮음, 평범, 진부

0212 viable
[váiəbl]
- (계획 등이) 실행 가능한, 실용적인(=effective, feasible, workable)
- viability 생존 능력; 생활력; 실행 가능성

0213 devastate
[dévəstèit]
- 유린하다, 황폐시키다(=destroy, dilapidate, ravage)
- devastating 황폐시키는, 파괴적인(=disastrous, damaging, destructive, ruinous)
- devastation 황폐하게 함, 유린; 파괴; 황폐

0214 contempt
[kəntémpt]
- 경멸, 멸시, 모욕(=scorn)
- contemptible 경멸할 만한, 비열한(=despicable)
- contemptuous 사람을 얕잡아보는, 경멸적인(=dismissive, derogatory)

0215 deceptive
[diséptiv]
- 속이는, 현혹시키는, 믿을 수 없는(=misleading)
- deceit 책략, 간계; 기만(=duplicity) deception 속임, 기만, 사기
- deceive 속이다, 기만하다(=take in), 현혹시키다

0216 concentrate
[kánsəntrèit]
- (정신 등을) 집중하다[on](=focus on); 모으다(=cluster)
- concentration 집중; 전념; 집결; 농축(=density)
- decentralization 분산; 지방 분권 decentralize 분권화하다, 분산시키다

0217 dexterity
[dekstérəti]
- 손재주 있음, 솜씨 좋음, 능숙함(=adroitness, skill)
- dexterous / dexterous 솜씨 좋은, 능란한(=nimble, adroit)
- dexterously 능숙하게(=adroitly)

0218 impromptu
[imprámptjuː]
- 즉석에서의, 즉흥작인(=offhand, extemporaneous, unrehearsed, off the cuff)
- prompt 즉각적인, 신속한; 부추기다

0219 spontaneous
[spantéiniəs]
- 자발적인(=voluntary), 자연히 일어나는; 즉흥적인(=immediate); 충동적인
- spontaneously 자발적으로 spontaneity 자발성 자발적 행동

0220 cautious
[kɔ́ːʃəs]
- 조심스러운, 신중한[about](=wary, discreet, prudent, careful, circumspect)
- be cautious of ~에 신중하다; ~을 조심하다(=be wary of)
- cautiously 조심스럽게 circumspect 신중한(=discreetly, gingerly, with circumspection)

0221 wary
[wɛ́əri]
- 조심성 있는; 방심하지 않는[of](=cautious)
- be wary of ~에 신중하다, ~를 조심하다(=be careful of)
- warily 조심스럽게 방심하지 않고 unwary 조심성 없는, 경솔한; 방심한

0222 sensible
[sénsəbl]
- 현명한, 분별 있는(=wise, prudent); 지각할 수 있는
- sensibility 감각, 민감; (pl.) 감수성
- insensible 의식을 잃은, 둔감한(=obtuse) senseless 무분별한; 의식이 없는

0223 sensitive
[sénsətiv]
- 감수성이 예민한, 섬세한; 민감한[to](=delicate, susceptible)
- be sensitive to ~에 대해 민감하다
- insensitive 무감각한, 둔감한(=callous) hypersensitive 지나치게 민감한, 과민한

0224 prudent
[prúːdnt]
- 조심성 있는, 신중한; 분별 있는(=careful, discreet, sensible, measured)
- prudence 사리분별, 신중, 조심 prudently 신중하게, 현명하게(=wisely)
- imprudent 경솔한; 무분별한(=unwise)

0225 intent
[intént]
- 의도, 의향; 목적, 계획; 의미, 취지
- be intent on ~ing ~에 전념하다
- intentionally 고의로, 일부러(=on purpose, deliberately) ↔ unintentionally 무심코

emulate
모방하다
O201

analogous
as like as two peas
흡사한, 꼭 닮은
닮은
O202

identical
identical twin
일란성 쌍둥이
꼭 같은
O203

prone
경향이 있는
O204

infer
추측하다
O205

commitment
약속, 공약
O206

contribute
기부하다
O207

competent
유능한
O208

passionate
열정적인
O209

esteem
존경하다
O210

trivial
하찮은, 사소한
O211

viable
살아남을 수 있는, 실행가능한
O212

devastate
황폐시키다
O213

contempt
경멸
O214

deceptive
속이는
O215

concentrate on
집중하다
O216

dexterity
솜씨; 총명
O217

impromptu
즉흥의
O218

spontaneous
자발적인
O219

cautious
조심스러운
CAUTION THIN ICE
O220

be wary of
~을 조심하다
O221

sensible
분별있는
O222

sensitive
감수성이 예민한
O223

prudent
조심성 있는
O224

intent
의도, 목적
LAW & ORDER
CRIMINAL INTENT
O225

O176 **annoy** [ənɔ́i]
귀찮게 하다, 짜증나게 하다
· annoyance 짜증, 약오름; 골칫거리(=nuisance)
· annoying 짜증스러운, 성가신
(=irritate, plague, pester, chagrin, pick on)

O177 **outrage** [áutrèidʒ]
격분, 분개; 난폭
· outrageous 난폭한; 잔인무도한; 모욕적인; 터무니없는; 엄청난; 멋진
· rage 격노; 격분; (일시적 대유행) enrage 격분시키다
(=anger, indignation)

O178 **furious** [fjúəriəs]
성내어 날뛰는, 격노한; 사나운
· fury 격노, 분노, 격정 furor 분노, 격노, 광란(적 칭찬)
· infuriate 격노하게 하다, 격분시키다(=enrage, incense, exasperate)
(=angry, livid); 격렬한; 사나운

O179 **mitigate** [mítigèit]
진정시키다(=appease, alleviate); 완화시키다(=moderate)
· mitigation 완화, 경감
· unmitigated (나쁜 것을 묘사하면서) 완전한, 순전한(=utter)

O180 **placate** [pléikeit]
달래다, 위로하다, 도와주다
· placable 달래기 쉬운, 온화한, 너그러운
· implacable 달래기 어려운, 화해할 수 없는(=unyielding)
(사람을) 달래다(=soothe, mollify, appease, comfort)

O181 **defiant** [difáiənt]
반항적인, 시비조의, 도전적인
· defy 무시하다; 완강히 반항하다 도전하다
· defiance 도전; 반항; (명령·관습 등의) 무시 defiantly 시비조로, 대항하게
반항적인, 도전적인(=disobey)

O182 **subversive** [səbvə́ːrsiv]
전복시키는, 파괴적인(=rebellious, destructive, radical)
· subvert (정부 등을) 전복시키다, 파괴하다 subversion 전복, 파괴
역, 반대; 뒤, 배후; 후진; 거꾸로 하다; 뒤집다, 뒤바뀌다, 뒤엎다

O183 **reverse** [rivə́ːrs]
큰 재해, 대참사(=disaster, calamity); 격변, 변동
· reversible 역으로 할 수 있는; (옷이) 양면용의
· irreversible 뒤집을 수 없는; 불가항력적인 revert (원래의 상태로) 되돌아가다
(=overturn)

O184 **catastrophe** [kətǽstrəfi]
논쟁의 여지가 있는, 논쟁을 좋아하는(=debatable, contentious)
· catastrophic 큰 재앙의; 파멸의, 비극적인(=disastrous)

O185 **controversial** [kɑ̀ntrəvə́ːrʃəl]
논란의 여지가 있는; 논쟁중인
· controversy 논쟁, 논의; 알다툼, 언쟁(=debate, contention, dispute)
· incontrovertible 논쟁의 여지가 없이 명백한(=indisputable)

O186 **avert** [əvə́ːrt]
(얼굴·타격 등을) 피하다, 막다(=avoid, evade, prevent, ward off)
· aversion 싫음, 혐오, 싫은 것(=antipathy)

O187 **elude** [ilúːd]
교묘히 피하다, 벗어나다, ~을 면하다(=avoid, evade, eschew)
· elusive / elusory 교묘히 피하는, 알기 어려운(=ambiguous)
· elusion 도피, 회피

O188 **prevent** [privént]
(~을) 예방하다; (~가 ~하는 것을) 방해하다(=forestall, preclude, stunt)
· preventive 예방적인, 방해하는; 예방법, 피임약
· prevention 방지, 방해; 예방
(전염병을) 방해하다, 저지하다(=obstruct, hinder, impede), 제한하다(=restrict)

O189 **hamper** [hǽmpər]
(진행을) 방해하다, 저지하다(=obstruct, hinder, impede), 제한하다(=restrict)

O190 **curb** [kəːrb]
재갈을 물리다; 억제하다(=restrict, restrain); 재갈; 고삐; 구속
· curve 곡선, 굽이, 커브

O191 **conservative** [kənsə́ːrvətiv]
보수적인, 보수주의의(=progressive, illiberal)
· conserve 보존하다, 유지하다, 보호하다
· conservation (자연·자원의) 보호, 보존 관리; 관습·습관
보수적인, 보수주의의; 틀에 박힌, 평범한(=ordinary)

O192 **conventional** [kənvénʃənl]
관습적인, 전통적인(=usual, traditional); 틀에 박힌, 평범한(=ordinary)
· convention (정치) 총회·노조 등의 대표자 회의, 전당대회; 관습·협약
· conventionally 관례(습관)적으로; 진부하게

O193 **immutable** [imjúːtəbl]
불변의, 변하지 않는(=unchangeable, unchanging, unalterable)
· mutable 변하기 쉬운, 변덕스러운(=changeable)
· mutation 돌연변이; 변화, 변경; 홍양성의

O194 **unanimous** [juːnǽnəməs]
만장일치의[일치된](=in full accord)
· unanimity (만장) 일치; (전원) 합의(=consensus)
· unanimously 만장일치로[=by common consent, with one voice]

O195 **acquiesce** [æ̀kwiés]
잠자코 따르다(=consent, agree, accept); 묵인하다(=in
· acquiescence 묵인, 동의(=compliance)
· acquiescent 묵인하는, 순종하는(=submissive)

O196 **perpetual** [pərpétʃuəl]
영속하는, 끊임없는(=constant, everlasting, unceasing, incessant, continual)
· perpetuate 영속화시키다, 항구화하다(=maintain)

O197 **fragile** [frǽdʒəl]
깨지기 쉬운(=breakable, brittle); 연약한(=weak, frail, delicate); 덧없는(=fugitive)
· fragility 부서지기 쉬움, 여림, 허약; 허무함

O198 **indelible** [indéləbl]
지울[씻을] 수 없는; 잊히지 않는(=irremovable, permanent, everlasting)
· indelibly 지울 수 없게, 영구히(=permanently)

O199 **mobile** [móubəl, móubail]
움직일 수 있는, 이동성의; 유동성의; 이동전화
· mobilize (물자·수단·군대를) 동원하다 mobility 이동성, 기동력; 유동성, 변덕
· immobile 움직일 수 없는, 고정된(=sedentary)

O200 **collaborate** [kəlǽbərèit]
공동으로 일하다, 협력하다; 제휴하다(=work together, cooperate)
· collaborative 협동적인(=cooperative) collaboration 협동, 합작(=cooperation)
· collaborator 공동 제작자, 합작자, 공저자(=cooperation)

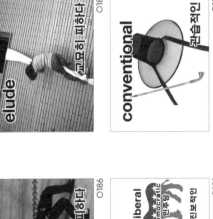

annoy 귀찮게 하다 O176

outrage 격분 O177

furious 격노한 O178

mitigate 진정시키다 O179

placate 달래다 O180

defiant 반항적인 O181

subversive 전복시키는 O182

reverse Reversible 양면용 옷 / 뒤집다, 거꾸로하다 O183

catastrophe 대참사 O184

controversial 논의의 여지가 있는 O185

avert 피하다 O186

elude 교묘히 피하다 O187

prevent 예방하다 O188

hamper 진행을 방해하다 O189

curb curb / curb 재갈, 억제하다 O190

conservative 보수적인 / **liberal** 진보적인 Republican 공화당 vs Democratic 민주당 O191

conventional 관습적인 O192

mutable 변하기 쉬운 / **mutation** 돌연변이 O193

unanimous 만장일치의 O194

acquiesce 잠자코 따르다 O195

perpetual 끊임없는 O196

fragile 깨지기 쉬운 O197

indelible 지울 수 없는 O198

mobile 움직일 수 있는 O199

collaborate 협력하다 O200

DAY 07

시험에 가장 많이 출제된 TOP1000 표제어

0151 exceed
[iksíːd]
- 능가하다(=surpass, be more than); (한도를) 넘다, 초과하다
  - excess 과잉, 과다; 잉여물(=surplus)
  - excessive 과도한, 지나친(=immoderate) excessively 지나치게, 심하게(=inordinately)

0152 eligible
[élidʒəbl]
- 적격의, 적임의[for]; 바람직한, 적합한
  - be eligible for N ~에 적격이다(=be entitled to N)
  - be eligible to R ~할 자격이 있다(=be entitled to R)

0153 conspicuous
[kənspíkjuəs]
- 두드러진, 눈에 잘 띄는; 현저한, 지명한(=noticeable, prominent)
  - conspicuously 눈에 띄게, 두드러지게
  - inconspicuous 눈에 띄지 않는(=unnoticeable)

0154 mundane
[mʌndéin]
- 세속적인(=worldly, secular); 일상적인, 재미없는(=everyday, banal)
  - mundanity 현세, 속세; 일상적임

0155 affable
[ǽfəbl]
- 사귀기 쉬운, 붙임성 있는, 상냥한(=agreeable, friendly)
  - affability 상냥함, 온화한 태도(=pleasantness)
  - affably 우아하게, 상냥하게(=graciously)

0156 implement
[ímpləmənt]
- (계약·계획을) 실행하다(=execute, start, carry out); 도구(=tool, device)
  - implementation 이행, 실행; 완성, 성취
  - implemental 도구가 되는; 도움이 되는(=instrumental)

0157 bolster
[bóulstər]
- 보강하다, 강화하다(=strengthen, reinforce, encourage, support)

0158 concern
[kənsə́rn]
- 관련되다; 걱정하다, 관심을 가지다; 중요한 것, 관심사; 우려
  - concerned 관계하는; 걱정하는 • concerning ~에 관하여(=regarding about)
  - unconcerned 무관심한; 관련이 없는(=indifferent, nonchalant, listless)

0159 defer
[difə́ːr]
- 연기하다, 미루다(=postpone, delay); (정중하게) 양보하다
  - deferable / deferrable 연기할 수 있는 deferred 연기된, 지지된
  - deferential 경의를 표하는, 공손한(=respectful) deference 존경, 경의; 복종

0160 confirm
[kənfə́rm]
- (진술·증거 등을) 확인[확증]하다(=verify, attest, corroborate)
  - confirmed 확정된, 확립된(=verified); 만성의 된
  - confirmation 확증, 확인; 증거

0161 gratify
[grǽtəfài]
- (사람을) 만족시키거나 기쁘게 하다(=satisfy, cater)
  - gratification 만족감, 희열; 만족시키는 것(=joy, satisfaction)
  - gratified 만족한, 기뻐하는(=pleased) gratifying 만족을 주는(=satisfying)

0162 flatter
[flǽtər]
- 아첨하다, 치켜세우다(=praise ~ too much, gratify); 우쭐대게 하다
  - flattery 아첨(감), 치켜세우기(=praise)
  - flattering 아첨하는, 알랑거리는, 비위 맞추는(=obsequious)

0163 audacious
[ɔːdéiʃəs]
- 대담한, 겁이 없는(=bold)
  - audacity 대담성, 대담함; 대담한 짓(=boldness, temerity)

0164 chronological
[krɑ̀nəládʒikəl]
- 시간 순서대로 된, 연대순의
  - chronologically 연대순으로(=according to a time sequence)
  - chronology 연대학; 연대 배열, 연표(=annals) chronicle 연대기, 기록

0165 plight
[plait]
- 곤경, 궁지, (어려운) 상태(=hardship, quandary, predicament)
  - flight(flàit) 1. 비행; 항공기, 항공여행 2. 도주, 탈출

0166 disseminate
[disémənèit]
- 퍼뜨리다, (주장을) 퍼뜨리다(=disperse, spread, distribute, propagate)
  - dissemination 씨 뿌리기 유포, 보급

0167 yield
[jiːld]
- 산출하다, 이익을 낳다(=give in to, surrender, capitulate); 산출, 이익
  - unyielding 고집 센; 우연성이 없는(=obdurate, implacable)

0168 proliferate
[prəlífərèit]
- 급증[확산]하다[시키다]; 증식[번식]하다(=reproduce rapidly, multiply)
  - proliferation 급증; 확산; 증식(=increase)

0169 prevalent
[prévələnt]
- 일반적으로 행하여지는, 유행하는(=popular, widespread)
  - prevalence 보급, 유포; 통조, 유행(=predominance)

0170 affluent
[ǽfluənt]
- 풍부한, 유복한, 부유한(=prosperous, opulent, wealthy)
  - affluence 풍족; 부, 부유; 유입

0171 wane
[wein]
- 줄어지다(=decline, dwindle, diminish); 약해지다, 쇠약해지다; (달이) 이지러지다
  - on the wane 줄어가는, 쇠퇴하는(=dwindling) ~ on the wax 증가하는

0172 impair
[impɛ́ər]
- (가치·힘·건강 등을) 약화시키다(=make worse, damage, undermine)
  - impaired 손상된, 장애가 있는 ~ unimpaired 손상되지 않은(=intact)

0173 languid
[lǽŋgwid]
- 나른한, 축 늘어진; 활기가 없는(=listless, sluggish)
  - languish 기력[활기]이 쇠하다(=decline); 괴로운 생활을 하다, 동경하다
  - languishing 점점 쇠약해지는; 슬퍼하는 languor 나른함, 권태(=lassitude)

0174 frugal
[frúːgəl]
- 검약하는, 검소한(=thrifty, economical, parsimonious)
  - frugality 절약, 검소(=thrift)

0175 austere
[ɔːstíər]
- 꾸밈이 없는(=plain); 검소한, 소박한, 금욕적인(=ascetic); 엄격한(=strict)
  - austerity 엄격, 준엄; 검소; 금욕 austerely 검소하게

이미지 연상훈련 IMAGE TRAINING

exceed 한도를 초과하다  O151

eligible 적격의 O152

conspicuous 두드러진 O153

mundane 일상적인, 세속적인 O154

affable 붙임성 있는 O155

implement 도구, 공구 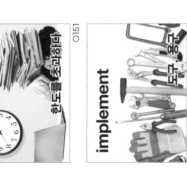 O156

bolster 보강하다, 지지하다 O157

concern 관여하다, 걱정하다 O158

defer 경의를 표하다 O159

confirm 확증하다 O160

gratify 만족시키다 O161

flatter 치켜세우다 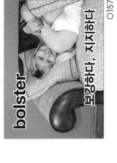 O162

audacious 대담한 O163

chronological 연대순의  O164

plight 곤경, 궁지 O165

disseminate 흩뿌리다  O166

yield 양보하다 O167

proliferate 증식하다, 급증하다  O168

prevalent 유행하는  O169

affluent 부유한  O170

wax wane 증가하다 적어지다 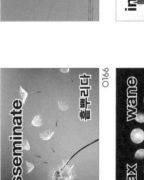 O171

impair 해치다  O172

languid 축 늘어진, 나른한  O173

frugal 절약하는 O174

austere 검소한  O175

0126 ostentatious
[ὰstentéiʃəs]

호사스러운, 허세적인(=pretentious); 과시하는
- ostensible 표면상의, 겉치레의(=specious, plausible, pretended, seeming)
- unostentatious 하세부리지 않는(=modest)

0127 fallacious
[fəléiʃəs]

그릇된; 허망의; 논리적 오류가 있는(=faulty); 과시하는
- fallacy 그릇된 생각(신념); 오류, 착오
- fallible 오류에 빠지기 쉬운 → infallible 절대 오류가 없는(=faultless)

0128 gullible
[gʌ́ləbl]

잘 속는; 속기 쉬운
- gullibility 잘 속음

0129 oblivious
[əblíviəs]

의식하지 못하는(=unheeding, unaware of); 염두에 두지 않는
- oblivion 망각; 건망(=forgetfulness); (구어) 무의식

0130 notorious
[noutɔ́ːriəs]

(나쁜 의미로) 유명한, 악명 높은[of](=infamous)
- notoriously 악명 높게

0131 repel
[ripél]

물리치다(=drive away), 밀어내다; 거절하다; 불쾌감을 주다
- repellent 혐오감을 주는(=unpleasant); 격퇴하는; 방충제
- revulsion 극도의 혐오감(=disgust) repulsion 혐오, 반감

0132 dismiss
[dismís]

해고[면직]하다, 내쫓다[from](=lay off); 기각하다(=reject), 무시하다
- dismissal 해산; 면직, 해고; 기각
- dismissive 무관하는, 거부하는; 경멸적인(=contemptuous)

0133 charge
[tʃɑːrdʒ]

충전하다; (요금을) 청구하다; 고발하다; 습격하다; 요금; 고소
- free of charge 무료로(=for nothing)
- in charge (of) ~을 맡고 있는; 담당의; ~에 책임이 있는

0134 reluctant
[rilʌ́ktənt]

마음 내키지 않는, 마지못해 하는[to](=unwilling)
- reluctance 싫어함; 마지못해 함[to]; 저항
- reluctantly 마지못해(=with reluctance)

0135 charge

모욕하다, 욕하다(=call sb names); 악용하다(=misuse, trade on); 악용; 남용
- abusive 욕하는; 독설의, 남용한
- disabuse (잘못을) 깨닫게 하다, 미몽에서 깨어나게 하다[of]

0136 restricted
[ristríktid]

한정된, 제한된(=limited, confined, hampered); 대외비의
- restrict 제한하다, 한정하다; (활동) 금지[제한]하다
- unrestricted 제한이 없는, 지유로운(=unlimited)

0137 suppress
[səprés]

억압하다(=keep down); 억누르다, 참다(=check, bottle up); 은폐하다
- suppressive 억압[억제]하는, 억누르는
- insuppressible 억누를 수 없는, 억제할 수 없는(=unsatiable)

0138 compulsory
[kəmpʌ́lsəri]

(법이나 규정 등에 의해) 강제적, 의무적인(=required)
- compulsion 강박, 강요, 충동 compulsive 강박적인, 상습적인
- compulsively 강제적으로, 억지로(=irresistibly)

0139 obligatory
[əblígətɔ̀ːri]

의무로서 지워지는, 의무적인, 필수의[on](=incumbent, mandatory)
- obligation 의무(=responsibility, duty), 구속; (의무가 따르는) 약정
- obliging 잘 돌봐 주는, 친절한; 정중한

0140 apprehend
[æprihénd]

이해하다(=understand); 체포하다(=arrest, seize), 염려하다(=worry)
- apprehension 염려; 체포; 이해 apprehensive 염려하는; 이해가 빠른(=fearful)

0141 immune
[imjúːn]

(질병 등의) 면역성의[from](=not susceptible to, unsusceptible to, safe)
- immunization 면역조치, 예방 주사; 면제
- immunity 면역(성); (세금 등의) 면제, 면책(=exemption)

0142 attribute
[ətríbjuːt]

(원인ㆍ귀속을) ~에 돌리다, ~의 탓으로 하다[to](=ascribe)
- attribute A to B A를 B의 탓으로 돌리다
  (=ascribe A to B, accredit A to B, impute A to B, owe A to B)

0143 relinquish
[rilíŋkwiʃ]

그만두다, 버리다(=give up, abandon, surrender, forgo); 양도하다(=surrender)
- give up (습관을) 버리다(=relinquish); (희망을) 포기하다(=재산을) 양도하다

0144 extinct
[ikstíŋkt]

(생물ㆍ제도 등이) 멸종된, 소멸된
- extinction (종족의) 멸종, 소멸(=disappearance); 폐지; 소화
- extinguish (불ㆍ빛 등을) 끄다; 소멸시키다(=put out, snuff out)

0145 inactive
[inǽktiv]

활동하지 않는, 움직이지 않는(=dormant, inert); 불경기의(=flat, stagnant)
- inactivity 무활동, 비활동
- active 활동적인, 활발한; 적극적인 activate 활성화시키다(=turn on)

0146 improvise
[ímprəvàiz]

즉석에서 하다, 임기응변으로 처리하다(=extemporize, play it by ear)
- improvisation 즉석에서 한 것(즉흥 연주, 즉흥 시, 즉흥 연주)

0147 specific
[spisífik]

명확한, 구체적인; 특정한(=certain, definite), 특정; (pl.) 명세서
- specify 일일이 열거하다, 상술하다(=designate, stipulate)
- specification 상술, 물거; 명세서

0148 compose
[kəmpóuz]

(마음을) 가라앉히다[~oneself]; (활동) 구성하다[down]; 해결하다; 구성하다
- composed (마음이) 가라앉은; 차분한 composite 합성의, 복합적인
- composure 침착, 냉정; 평정 composition 구성, 조립, 혼성; 작문, 구성요소

0149 settle
[sétl]

살다하다; 정주시키다[down]; (활동) 가라앉히다[down]; 해결하다; 결정하다; 청산하다
- settled 정주하는, 정착한(=compromise);해결 결정 청산
- settle down 진정하다[시키다]; 정착하다 settle for ~을 받아들이다

0150 sedentary
[sédntèri]

앉아 있는, 정주해 있는(=done sitting down, immobile, inactive, stationary)

ostentatious
과시하는, 허식적인
O126

fallacious
허위의
O127

gullible
잘 속는
O128

oblivious
의식하지 못하는
O129

notorious
악명높은
O130

repel
repellent
방충제
물리치다
O131

dismiss
You are fired!
해고하다
O132

be charged with
범죄 혐의로 기소되다
O133

reluctant
마지못해 하는
O134

abuse
학대하다, 욕하다
O135

restricted
RESTRICTED AREA
통제구역, 제한구역
AUTHORIZED PERSONNEL ON
제한된
O136

suppress
억누르다
O137

compulsory
-Derty Zone-
Max speed 20 when lights flash
의무적인
O138

obligatory
의무적인
O139

apprehend
이해하다; 체포하다, 염려하다
O140

attribute
~탓으로 돌리다
O141

immune
Acquired
Immune
Deficiency
Syndrome
(후천성 면역 결핍증)
면역성의
O142

relinquish
그만두다
O143

extinct
멸종된
O144

inactive
활동하지 않는
O145

improvise
즉석에서 하다
O146

specific
구체적인, 명세서
O147

compose
곡을 짓다, 구성하다
O148

settle
정착하다
O149

sedentary
주로 앉아 있는
O150

0101 impede
[ɪmpíːd]

(진행을) 늦추다, 방해하다, 저해하다(=hinder, retard, hamper)
- impediment 방해(물), 지장; 장애(=defect, hindrance); 신체장애

0102 deter
[dɪtɜ́r]

방해하다, 단념시키다(=discourage, dissuade, inhibit, restrain)
- deter A from ~ing A가 ~하는 걸 단념시키다
- deterrent 억제(책); 억제력; 방해물(=dissuasion, hindrance) deterrence 저지

0103 irritate
[írɪteɪt]

화나게 하다, 짜증나게 하다(=annoy); 자극하다
- irritated 신경질이 난, 화가 난 irritating 화나게 하는(=annoying); 짜증나는
- irritant 자극물; 자극성의; 자극제(=annoyance) irritable 화를 잘 내는(=grouchy)

0104 nervous
[nɜ́rvəs]

신경과민의, 초조한 상태의(=on edge, on needles and pins)
- nerve 신경; 신경과민; 활기, 체력; 용기, 뻔뻔스러움
- unnerve 용기를 잃게 하다, 낙담시키다 unnerving 겁먹거나 불편하게 만드는

0105 contentious
[kənténʃəs]

논쟁하기 좋아하는(=quarrelsome, controversial, polemic, argumentative)
- contender 경쟁자; (논쟁의 상대방)(=competitor)
- contention 언쟁, 논쟁; 싸움, 다툼; 주장(=dispute, polemic)

0106 reservation
[rèzərvéɪʃən]

예약; 마음의 거리낌, 의구심; 유보; 보호구역
- reserve (좌석을 위해) 남겨 두다(=store, set aside); 예약해두다; 유보하다
- reserved 감정을 잘 드러내지 않는; 말수가 적은(=impassive, reticent)

0107 available
[əvéɪləbl]

이용할 수 있는(=obtainable, usable); (사람을 만날) 시간이 있는
- unavailable 손에 넣을 수 없는(=out of stock); 이용할 수 없는

0108 ubiquitous
[juːbíkwətəs]

어디에나 있는, 매우 흔한(=widely used, pervasive, widespread, omnipresent)
- ubiquitously 도처에 널리(=omnipresently) ubiquity 도처에 있음

0109 enigma
[ɪnígmə]

수수께끼, 매우 불가사의한 것이나 사람(=mystery, puzzle)
- enigmatic 수수께끼 같은, 불가사의한(=inscrutable, puzzling)

0110 ambivalent
[æmbívələnt]

반대감정이 병존하는, 양면가치의(=contradictory, equivocal)
- ambivalence 반대 감정 병존, 이도 저도 아닌 것(=uncertainty)

0111 emit
[ɪmít]

(가스 · 냄새 · 소리 등을) 내뿜다, 발출하다(=give off, spew)
- emission 방사; 발산; 배출(=release)

0112 erode
[ɪróʊd]

(바람이나 비가) 조금씩 침식하다(=wash away, wear away, wear down, eat away)
- erosion 침식 erosive 침식성의
- corrosion 부식 corrosive 부식하는, 부식성의

0113 deteriorate
[dɪtíəriəreɪt]

(점점) 나빠지게 하다; 악화되다(=aggravate, worsen, compound); 퇴화하다(=exacerbate)
- deterioration 악화; (가치의) 하락; 퇴보(=aggravation)

0114 aggravate
[ǽɡrəveɪt]

(병 · 상황을) 악화시키다(=deteriorate, worsen, compound); 괴롭히다
- aggravating 악화시키는(=deteriorating)
- aggravation 악화(=deterioration), 심화; 화남

0115 confine
[kənfáɪn]

~을 한정하다, 제한[국한]하다(=box up, incarcerate)
- confined 제한된, 한정된, 비좁은(=restricted, cramped)
- confinement 제한; 국한, 감금(=enclosure, detention)

0116 urgent
[ɜ́rdʒənt]

긴급한 처리를 요하는, 촉박한(=pressing)
- urgency 긴급, 절박; (의) 긴급한 일, 긴급 안건
- urge 몰아대다, 재촉하다(=drive); 강조하다(=coerce); 강조하다

0117 curtail
[kɜrtéɪl]

(일정 등을) 짧게 줄이다, 단축하다(=shorten, reduce, abridge); 삭감하다
- curtailment 단축, 삭감

0118 reduce
[rɪdjúːs]

줄이다(=lessen, lower, diminish, curtail, cut back on, cut down)
- reduction 축소, 감소, 삭감(=cutback)

0119 dwindle
[dwíndl]

줄(이)다; 차츰 작아지다, 감소되다(=diminish, decrease, wane)
- dwindling 거절하다(=refuse); 기울다, 쇠퇴하다(=wane, languish); 하락하다; 쇠퇴, 하락(=lapse)

0120 decline
[dɪkláɪn]

거절하다(=refuse); 기울다, 쇠퇴하다(=wane, languish); 하락하다; 쇠퇴, 하락(=lapse)
- declining 기우는, 쇠퇴하는 declination 기움, 경사; 거절; 쇠퇴

0121 deficiency
[dɪfíʃənsi]

부족, 결함; 부족액(=lack, shortage, dearth)
- deficient 부족한, 불충분한; 결함 있는(=lacking, insufficient)
- deficit(deficit) 결손; 부족(액); 적자; 결함; 악점 ↔ 흑자: surplus

0122 increment
[ínkrəmənt]

증가(량), 증대, 증액; 이익, 이윤
- increase 늘다, 증가하다; 증대 incremental 증가하는; 점증하는
- decrement 감소, 감액; 강액(=decrease) decrease 줄다, 감소하다(=decrease); 감소

0123 fertile
[fɜ́ːtl]

(토지가) 기름진, 비옥한; 다산의(=productive)
- fertility 비옥, 다산; 풍부 fertilizer 비료, 화학 비료
- infertile 메마른; 불임의; 불모의

0124 abundant
[əbʌ́ndənt]

(자원 등이) 풍부한, 많은(=plentiful, bountiful, copious, profuse)
- abundantly 풍부하게, 충분히(=profusely)
- abound 풍부하다; 많이 있다, (~을) 가득채우다(=teem)

0125 redundant
[rɪdʌ́ndənt]

과다한; 남아도는(=superfluous, surplus); 불필요한(=inessential)
- redundancy 여분, 과잉, 잉여; 쓸데없는 말; 일시해고(=layoff)
- redound (신용 · 이익 등을) 늘리다, 높이다(=)

impede
진행을 늦추다

O101

deter
방해하다

O102

irritate
짜증나게 하다

O103

nervous
초조한

O104

contentious
논쟁하기를 좋아하는

O105

reservation
예약

O106

available
이용할 수 있는

O107

ubiquitous
어디에나 있는

O108

enigma
수수께끼

O109

ambivalent
어떻게 할지 결정하기 어려운

O110

emit
내뿜다

O111

erode
조금씩 침식시키다

O112

deteriorate
나빠지다, 악화시키다

O113

aggravate
악화시키다, 화나게 하다

O114

confine
제한하다, 국한하다

O115

urgent
촉박한

O116

curtail
줄이다

O117

reduce
줄이다, 삭감하다

O118

dwindle
점점 작아지다

O119

decline
거절하다

O120

deficiency
부족, 적자

O121

increment
증가, 증대

O122

fertile
비옥한

O123

abundant
풍부한

O124

redundant
말이 많은, 장황한

O125

0076 fluctuate
[flʌ́ktʃueit]
오르내리다, 변동하다(=move[go] up and down, vary)
· fluctuating 변동이 있는(=volatile), 동요하는; 오르내리는
· fluctuation 변동, 오르내림; 파동; 동요; 동향

0077 precipitate
[prisípitèit]
마구 재촉하다, 촉진시키다(=accelerate); 서두르다
· precipitately 급히; 갑자기=suddenly); 서투르게
· precipitation 투하; 낙하; 촉진; 강우량(=rainfall) precipitous 깎아지른 듯한

0078 temporary
[témpərèri]
일시적인, 덧없는(=transitory, fugitive); 임시의(=tentative, provisional, interim)
· temporarily 일시적으로, 임시로
· temporal 시간의; 현세의, 세속의 temporality 일시성: 세속작업

0079 ephemeral
[ifémərəl]
순식간의, 일시적인(=transient, fleeting, evanescent); 하루살이의(=short-lived)
· ephemerally 덧없이, 순식간에 ephemera 하루살이

0080 transient
[trǽnʃənt]
순간적인, 불변의(=indelible); 상설의(=standing)
· transition 변천, 변화, 이행; 과도기; 추이 transit 운송, 운반; 통과, 통행
· transitory 일시적인; 잠시 동안의(=momentary, temporary); 덧없는(=passing, fleeting)

0081 permanent
[pə́rmənənt]
영구적인, 불변의(=indelible); 상설의(=standing)
· permanently 영원히, 영구히
· impermanent 영원하지 않은; 일시적인

0082 persistent
[pərsístənt]
끊임없이 지속되는(=perpetual, constant, continuous, incessant, chronic)
· persistently 끈질기게, 고집스럽게
· persist 고집하다, 계속하다[in] 지속하다(=last, continue)

0083 determinedly
[ditə́rmindli]
단호하게, 단호하게[from.]; 벗어나게 하다(=deflect, swerve)
· determine 결정하다, 결심하다; 진단하다(=diagnose, evaluate); 결정하다
· determined (결심이) 단호한 determination 결심; 결정(=resolution)

0084 deviate
[dí:vièit]
벗어나다, 일탈하다[from.]; 벗어나게 하다(=deflect, swerve)
· deviation 벗어남, 일탈(=lapse); 편차 devious 정도를 벗어난; 사악한(=underhand)
· deviant 정상이 아닌; 이상성격자(=aberrant)

0085 unpredictable
[ʌ̀npridíktəbl]
예측할 수 없는(=unforeseeable, capricious)
· predictable 예측할 수 있는 predictability 예측 가능성
· predict 예언하다(=foretell, foresee), predictor 예언자

0086 compromise
[kɑ́mprəmàiz]
타협, 절충(=concession); 화해; 타협시키다; (명성 등을) 손상하다
· compromising 명예를 손상시키는
· uncompromising 타협하지 않는, 완강한

0087 incompatible
[ìnkəmpǽtəbl]
양립할 수 없는, 모순된; 조화되지 않는, 완강한
· compatible 양립할 수 있는(=consistent, congruous); 호환성의(=interchangeable)

0088 liability
[làiəbíləti]
(pl.) 부채, 빚(=debts); (법적) 책임, 부담(=burden)
· liable 책임져야 할; 책임 있는(=answerable); 불리한 일(=handicap)
· be liable to N/R ~할 의무가 있다(=be responsible for), ~하기 쉽다

0089 endorse
[indɔ́:rs]
배서[이서]하다(=sign); 지지하다, 승인하다(=approve, sanction)
· endorsement 시인; 승인; 지지, 추천; 배서 endorsee 피배서인, 양수인

0090 comply
[kəmplái]
(요구 · 명령에) 따르다, 응하다[with](=obey, observe, conform to)
· compliance 유순, 고분고분함; 응낙, 승낙
· compliant / compliable 유순한, 고분고분한(=submissive)

0091 apathetic
[ӕpəθétik]
무감각한, 냉담한, 관심이 없는[about](=indifferent to, uninvolved)
· apathy 냉담, 무관심(=indifference, callousness, inertia)
· pathetic 측은한, 불쌍한(=pitiful); 감상적인

0092 lenient
[lí:niənt]
(처벌 등이) 너그러운, 관대한(=merciful, generous, mild)
· leniently 너그럽게, 관대하게(=mercifully, mildly)
· leniency 관대, 관용, 너그러움 lenitive (약이) 진정완화시키는; 진정제

0093 discretion
[diskréʃən]
분별력, 판단력(=judgment); 신중함; 사려; (자유) 재량권(=determination)
· discreet 사려[분별] 있는; 신중한; 조심스러운(=prudent, cautious)
· discreetly 조심스럽게, 신중히(=cautiously) indiscreet 분별없는; 경솔한

0094 complacent
[kəmpléisnt]
스스로 만족하여 안주하는(=satisfied, self-satisfied, smug)
· complacency 자기만족; 만족을 주는 것(=contentment, self-satisfaction)
· complaisant[kəmpléisnt] 비위를 맞추는, 고분고분한

0095 pertinent
[pə́rtənənt]
적절한, 관련된; ~에 속하는[to](=relevant, suitable)
· pertinence 적절, 적당 pertain 관련되다, 부속하다; 적합하다, 어울리다[to]
· impertinent 적절하지 못한(=irrelevant); 주제넘은, 건방진

0096 distinguish
[distíŋgwiʃ]
구별하다, 식별하다(=discriminate)
· distinguished 유명한, 저명한; 뛰어난(=eminent) distinct 뚜렷한, 분명한
· distinctive 차이를 나타내는; 특유의 distinction 구별; 식별; 특징

0097 formidable
[fɔ́rmidəbl]
어마어마한; 무서운(=powerful, frightening, dreaded); (양이) 만만치 않은

0098 potent
[póutnt]
강력한, 유력한; 영향력이 있는(=powerful)
· potential 가능한; 잠재적인; 가능성; 장재력 potentiality 가능성; 잠재력
· impotent 무기력한, 무능한; 허약한 impotence 무력, 무기력; 허약

0099 integral
[íntigrəl]
(구성요소로서) 없어서는 안 될, 필수적인(=essential, key); 완전한
· integrity 성실, 청렴; 완전(성)(=probity, rectitude)

0100 disintegration
[disìntəgréiʃən]
분해(=decomposition), 붕괴(=breakdown, falling apart); 균열; 분산
· integrate 통합하다(=combine); 완전하게 하다
· integration 통합, 통일; 집적; 융합

fluctuate 오르내리다 ○○076

precipitate 재촉하다 ○○077

temporary 임시의 ○○078

ephemeral 일시적인, 하루살이목숨의 ○○079

transient 잠시 머무르는 ○○080

permanent perm 파마 영구적인 ○○081

persistent 끈임없이-지속되는 ○○082

determinedly 단호하게 ○○083

deviate 벗어나다, 일탈하다 ○○084

unpredictable 예측할 수 없는 ○○085

compromise 타협, 화해 ○○086

incompatible 양립할 수 없는 ○○087

endorse 배서하다 ○○088

liability DEBT 채무, 빚 ○○089

comply 따르다, 순응하다 ○○090

apathetic 무관심한 ○○091

lenient 너그러운 ○○092

pertinent 적절한 ○○093

complacent 스스로 만족하는 ○○094

discretion 판단 ○○095

distinguish 구별하다 ○○096

formidable 어마어마한 ○○097

potent 강력한 ○○098

integral 없어서는 안되는 ○○099

disintegration 분해, 붕괴 ○○100

0051 term
[təːrm]
• 말, 용어; 말씨, 기간; 기한; 약정기간; 조건, 조항; 협약, 약정; 관계, 사이
• come to terms with (~의 타협이 이루어지다; (사태를) 순순히 받아들이다
• speaking terms 이야기를 주고받을 정도의 관계

0052 initiative
[iníʃiətiv]
• 새로운 구상; 주도권, 진취성, 솔선; 발의권
• take the initiative in ~을 솔선해서 하다, 주도권을 잡다
• initiate 시작하다(=begin, start); 발의하다 • initial 처음의(=first, incipient)

0053 gregarious
[griɡέəriəs]
• 사교적인(=sociable, companionable); 떼 지어 사는
• gregariously 구거군집하여; 집단적으로

0054 feasible
[fíːzəbl]
• 실행할 수 있는(=practicable, possible, viable, executable); 있음직한
• feasibility 실행할 수 있음 가능성
• infeasible / unfeasible 실행 불가능한

0055 variety
[vəráiəti]
• 다양성, 변화(가 많음(=diversity); 여러 가지, 갖가지
• vary 서로 다르다; (상황에 따라) 달라지다 • variation 변화, 변동(=change); 변종
• various 가지각색의(=multiple), 다방면의; 다양한 varied 여러 가지의, 잡다한

0056 effect
[ifékt]
• 결과(=consequence, corollary), 영향(=impact); (pl.) 동산, 물품; 달성하다
• effective 효과적인, 유효한; 인상적인; 유효한
• effectuate 실현하다, (법률 등을) 유효하게 하다

0057 ban
[bæn]
• 금지하다(=prohibit, forbid, proscribe); 금지(령)(=prohibition, embargo)
• banish (국외로) 추방하다(=exile), 마음에서 떨쳐버리다
• banishment 추방, 유형, 유배

0058 disparity
[dispǽrəti]
• 상이, 다름, 차이(=difference, inequality)
• disparate (본질적으로) 다른(=different)
• parity 동가, 동질; 일치, 균등(=equivalence, equality)

0059 diversity
[divə́ːrsəti]
• 다양성; 여러 가지, 잡다함(=variety); 차이점
• diverse 다른; 여러 가지의, 다양한(=heterogeneous, different; miscellaneous)
• diversify 다양화하다, 다각화하다; 투자를 분산하다(=spread)

0060 inevitable
[inévitəbl]
• 피할 수 없는, 불가피한(=unavoidable); 필연적인
• inevitability 불가피성, 필연성

0061 indigenous
[indídʒinəs]
• 지역 고유의; 토착의(=native, endemic, aboriginal); 타고난
• indigent 곤궁한, 가난한; 빈민
• ingenuous 솔직담백한; 꾸밈없는; 순진한

0062 innate
[inéit]
• 타고난, 천부의, 선천적인(=inborn, natural, congenital)
• connate 타고난, 선천적인; 같은 성질의(=cognate)

0063 chronic
[krɔ́nik]
• 고질적인, 만성적인(=persistent, continuous, inveterate)
• chronically 만성적으로

0064 eliminate
[ilímənèit]
• 제외하다(=rule out, exclude); 제거하다(=remove, get rid of, eradicate)
• elimination 제거, 제외(=removal); 실격, 탈락; 배설(=excretion)

0065 reiterate
[riːítərèit]
• 되풀이하다, 반복하다(=repeat, iterate, do over again, harp)
• reiteration 반복, 되풀이되는 말
• iterate 되풀이하다, 반복하다(=repeat)

0066 intrepid
[intrépid]
• 용맹한, 대담한(=courageous, fearless, daring, dauntless)
• intrepidity 대담, 용맹, 겁 없음 trepid 소심한, 겁이 많은
• trepidation 전율; 공포(=fright); (마음의) 동요

0067 intimidate
[intímədèit]
• 협박하다; 위협하여 ~하게하다(=threaten, frighten, terrify, browbeat)
• intimidation 위협 협박(=threat)
• intimidating 검을 주는, 위협적인(=formidable, frightening)

0068 innocuous
[inɔ́kjuəs]
• 해가 없는(=harmless), 독이 없는; 악의가 없는
• nocuous 유해한, 유독한

0069 altruistic
[æltruístik]
• 자신보다 남을 위하는, 이타적인
• altruist 애타주의자
• altruism 이타주의, 애타주의(=generosity, selflessness)

0070 indifferent
[indífərənt]
• 무관심한(to)(=unconcerned, uninterested, disinterested, nonchalant, insensible)
• indifference 무관심; 냉담; 무차별
• different 만, 다른, 별개의; 색다른

0071 inquisitive
[inkwízətiv]
• 호기심이 강한(=curious); 꼬치꼬치 캐물기 좋아하는(=prying, nosy)
• inquire 묻다; 질문하다(=ask); 조사하다 inquisition 심리, 조사
• inquiry 탐구; 조사; 질문, 조회 query 질문(=question); 물음표; 질문하다

0072 superficial
[sùːpərfíʃəl]
• 피상적인(=perfunctory, cosmetic); (거짓이) 깊이가 없는(=shallow, skin-deep)
• superficiality 천박; 피상

0073 equivocal
[ikwívəkəl]
• 두 가지 뜻으로 해석되는(=ambiguous, ambivalent); 모호한(=dubious, vague)
• equivocate 얼버무리다; 모호하게 말하다
• unequivocal 모호하지 않은; 명백한

0074 opposite
[ɔ́pəzit, ɔ́pəsit]
• 마주 보고 있는; 맞은편의; 정반대의(=contrary)
• oppose 반대하다(=impugn) opposed 반대의, 대립되는(=antagonistic)
• opposing 의견이 대립되는(=dissident) opposition 반대; 대립

0075 arbitrary
[ɑ́ːrbətrèri]
• 제멋대로의(=unpredictable, random); 독단적인
• arbitrator / arbiter 중재인; 조정자(=mediator, conciliator)
• arbitrate 중재하다, 조정하다

term

말, 용어
○○51

initiative
주도권, 솔선
○○52

gregarious
떼지어 사는, 사교적인
○○53

feasible
가능한
○○54

variety
다양성(=diversity)
○○55

effect
영향
○○56

ban
금지하다
○○57

disparity
서로 다름, 차이
○○58

diversity
다양성
○○59

inevitable
피할 수 없는
○○60

indigenous
토착의
○○61

innate
타고난
○○62

chronic
만성적인
○○63

eliminate
제거하다
○○64

reiterate
반복하다
○○65

intrepid
무서움을 모르는
○○66

intimidate
협박하다
○○67

innocuous vs nocuous
무해한   vs   유해한
○○68

altruistic
이타적인
○○69

indifferent
무관심한
○○70

inquisitive
호기심이 많은
○○71

superficial
겉으로만 그럴듯한
○○72

equivocal
말이 모호한
○○73

opposite
맞은편의~, 정반대의
○○74

arbitrary
제멋대로인
○○75

시험에 가장 많이 출제된 TOP1000 표제어

0026 alter
[5:ltər]
바꾸다, 고치다(=change, shift, modify, tamper with); 변하다
· alteration 변경, 개조, 수정(=shift, renovation)
· unalterable 바꿀 수 없는, 불변의(=immutable)

0027 meticulous
[mətíkjuləs]
세심한, 꼼꼼한(=very careful, scrupulous, particular, punctilious, fastidious)
· meticulously 꼼꼼하게, 꼼꼼하게(=carefully, scrupulously)
· meticulousness 세심함, 꼼꼼함

0028 scrupulous
[skrú:pjuləs]
꼼꼼한, 용의주도한(=exact, careful, meticulous); 양심적인(=conscientious)
· scrupulously 꼼꼼하게(=meticulously)
· unscrupulous 비도덕적인, 비양심적인

0029 versatile
[vɔ́:rsətl]
다재다능한, 만능의; 다용도의(=many-sided, all-round, multifaced, protean)
· versatility 융통성, 다재다능
· versed ~에 숙달한, 정통한 well versed in ~에 정통한

0030 account
[əkáunt]
설명하다(=explain)[for]; 이유; 설명; 이유; 예금계좌, 계정
· accountable 책임이 있는 → unaccountable 이해할 수 없는
· accountability 책임, 의무(=responsibility) accountant 회계원, 공인회계사

0031 exclusive
[iksklú:siv]
유일한(=sole); 독점적인; 배타적인; 특종
· exclusively 배타적으로, 오로지(=only, solely) exclude 제외[배제]하다
· exclusion 제외; 추방(=ostracism); 입국거부 nonexclusive 독점이 아닌

0032 restrain
[ristréin]
억제하다[oneself](=hold back, inhibit, curb); 구속하다(=restrict)
· restraint 지제, 억제; 금지; 구속 restrained 삼가는, 자제된
· unrestrained 억제되지 않은, 무제한의(=unchecked, unbridled)

0033 anonymous
[ənánəməs]
작자불명의, 신원불명의(=unidentified, unknown); 익명의
· anonymity 익명, 무명 정체불명(=obscurity)
· anonymously 익명으로

0034 hereditary
[hərédəteri]
유전성의, 유전적인(=genetically passed, genetic)
· heredity 유전(성); 유전적 특질(=genetics); 상속, 세습

0035 unprecedented
[ʌnprésədentid]
전례가 없는(=unparalleled, unexampled, unsurpassed, unheard-of)
· precedent 선례, 관례; 이전의 precedence 우선함, 우위
· precede 앞서다; 우선하다 precedently 전에, 이전에; 미리

0036 impartial
[impɑ́:rʃəl]
치우치지 않은; 공평한(=fair, unbiased, unprejudiced, equitable)
· impartiality 공평무사, 공명정대
· partial 불공평한, 편파적인 partiality 편파, 편견, 불공평, 편애

0037 biased
[báiəst]
편향된, 치우친(=weighted, partial, jaundiced, prejudiced); 편견을 가진
· bias[báiəs] 선입견, 편견(=prejudice); 경향; 성향
· unbias(s)ed 편견이 없는 ; 편파적이 아닌(=equitable, impartial)

0038 irrelevant
[iréləvənt]
무관계한, 부적절한[to](=inappropriate, unrelated, extraneous, beside the point)
· irrelevance 무관계, 부적절
· relevant (당면 문제에) 관련된; 적절한, 타당한(이)(=pertinent, germane)

0039 homogeneous
[hòumədʒí:niəs]
동종의, 균질의(=similar, identical, same kind)
· homogeneity 동종, 동일(성), 균질 homogenize 균질화하다, 통일하다
· heterogeneous 이종의, 이질적인(=diverse) heterogeneity 이종, 이류

0040 insignificant
[insignífikənt]
중요하지 않은, 사소한(=unimportant, nominal, marginal, trivial)
· insignificance 하찮음, 사소함(=unimportance)
· significant 중요한, 상당한(=monumental, appreciable)

0041 respect
[rispékt]
존경(=deference); 점(=facet), 세목; 존경하다(=look up to, esteem, revere)
· respectful 공손한, 정중한 respectable 존경할 만한
· respective 각각의, 각자의 respecting ~에 관하여(=regarding)

0042 abandon
[əbǽndən]
그만두다(=give up, relinquish); 버리다(=desert, discard, forsake)
· Rats abandon a sinking ship. 쥐도 가라앉는 배는 버리는 법이다.
· abandonment 버림, 유기 abandoned 버림받은; 황폐한

0043 sustain
[səstéin]
떠받치다(=shore up); 지속하다(=maintain, continue)
· sustainable 지탱[유지]할 수 있는 → unsustainable 지속 불가능한
· sustained 한결같은, 일관된 sustainably 지속 늑녹, 유지 녹력

0044 beneficial
[bènəfíʃəl]
유익한, 유리한, 유용한[to](=salutary, helpful)
· beneficent 자선을 베푸는, 인정 많은 beneficence 선행, 은혜, 자선
· benefit 이익; 혜택; 연금; 이득을 보다 beneficiary 수익자; 연금수령인

0045 alternative
[ɔ:ltɔ́:rnətiv]
양자택일; 대안(=other choice); 대신하는
· alternatively 양자택일로 alternate 번갈아서 하는, 교대의
· alternately 번갈아; 격일로; 연달아 interchange); 교체하다

0046 tenacious
[tənéiʃəs]
고집하는, 고집이 센, 집요한(=stubborn, persistent, determined)
· tenacity 고집; 끈기(=fortitude) tenaciousness 집요함; 끈기
· tenaciously 끈질기게(=doggedly)

0047 eradicate
[irǽdəkèit]
뿌리째 뽑다, 근절하다(=get rid of, remove, destroy, exterminate, eliminate, uproot)
· eradication 근절, 박멸 : 소거
· irradiate 발광하다 빛나다(=radiate) 빛

0048 detrimental
[dètrəméntl]
손해를 입히는; 해로운[to](=harmful, damaging, deleterious)
· detriment 손실, 손해, 상해; 유해물; 손해의 원인

0049 dominate
[dɑ́mənèit]
지배하다(=subjugate); 우세하다(=prevail)
· dominance 우세; 권세(=supremacy); 지배 dominant 지배적인; 우세한
· dominion 통치권(=power), 주권 (pl) 영토, indomitable 굴복하지 않는

0050 surpass
[sərpǽs]
~보다 낫다, ~을 능가하다(=exceed, excel, eclipse); 초월하다
· unsurpassed 능가할 것이 없는, 비길 데 없는(=unrivalled)

alter 고치다

before / after
○○26

meticulous 꼼꼼한
5,000,000.00
1,214,855.96
○○27

scrupulous 꼼꼼한

○○28

versatile 만능의, 다용도의

○○29

account 설명하다

○○30

exclusive 독점기사, 유일의

NEWS EXCLUSIVE
PRESIDENT IN FAVOR
POLITICS AND
TAKEOVER
SONY REPORTS RECORD ANNUAL
○○31

restrain 억제하다

○○32

anonymous 익명의

○○33

hereditary 유전적인

○○34

unprecedented 선례가 없는

○○35

impartial 공평한

○○36

biased 편향된
○○37

irrelevant 엉뚱한

○○38

homogeneous 동종의
heterogeneous 이질적인

○○39

insignificant 하찮은, 사소한

○○40

respect 존경, 인사

○○41

abandon 버리다
○○42

sustain 떠받치다, 부양하다
○○43

beneficial 유익한

○○44

alternative 양자택일
PLAN A / PLAN B
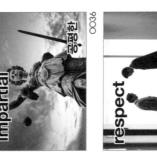
○○45

tenacious 집요한

○○46

eradicate 뿌리째 뽑다
○○47

detrimental 손해를 입히는
○○48

dominate 지배하다

○○49

surpass 능가하다
4827

○○50

0001 vulnerable [vʌ́lnərəbl]
상처 입기 쉬운, 공격 받기 쉬운; 취약한[to]; =weak, susceptible
- vulnerable 상처[비난]받기 쉬운, 취약한
- invulnerable 공격[반박]할 수 없는
- vulnerability 상처받기 쉬움, 취약성

0002 depend [dipénd]
의지하다[on]; ~에 달려 있다[on]; =count on, turn to, rely on
- dependable 신뢰할 수 있는 dependence 의지, 의존, 신뢰
- dependent 의지하고 있는 ↔ independent 독립한, 자주적인[of]

0003 mandatory [mǽndətɔ̀ːri]
강제의, 의무의, 필수의; =compulsory, obligatory, required
- mandate (정치적) 위임, 명령 (=order or command); 위임하다(=authorize); 명령하다; 요구하다

0004 ambiguous [æmbígjuəs]
모호한(=uncertain, unclear, elusive); 다의어(=equivocal)
- ambiguity 모호함, 다의성 unambiguous 모호하지 않은, 명확한

0005 susceptible [səséptəbl]
(영향을) 받기 쉬운[to](=vulnerable, subject); 감수성이 강한(=sensitive)
- susceptibility (병에) 걸리기 쉬움; 예민
- unsusceptible 민감하지 못한, 둔감한

0006 obsolete [ɑ́bsəlìːt]
구식의(=outmoded, outdated, out of date, archaic), 쓸모가 없는(=unnecessary)
- obsolescence 쇠퇴(화), 노후

0007 tangible [tǽndʒəbl]
실체가 있는(=real, substantial, palpable, tactile); 명백한(=concrete)
- intangible 손으로 만질 수 없는, 무형의(=impalpable)

0008 lucrative [lúːkrətiv]
수지맞는(=profitable, well-paying); 유리한

0009 obscure [əbskjúər]
불명료한(=unclear, indistinct, vague); 눈에 띄지 않는(=hidden); 가리다(=block)
- obscurity 불분명; 모호; 세상에 알려지지 않음(=unknownness)

0010 dispose [dispóuz]
~하는 경향이 있다; 처리하다(=settle), 처분하다[of](=get rid of, sell)
- disposition 성질, 기질(=temper); 경향(=bent); 배열, 배치
- disposal (재산 등의) 처분, 처리 disposable 처분할 수 있는; 일회용품

0011 precarious [prikɛ́əriəs]
불확실한(=unstable, insecure, uncertain); 위험한(=hazardous, at risk)
- precariously 불확실하게, 불안하게(=insecurely)

0012 alleviate [əlíːvièit]
완화시키다(=relieve, assuage, mitigate, lessen, allay, palliate, soothe)
- alleviation 경감, 완화

0013 capricious [kəpríʃəs]
변덕스러운(=whimsical, fickle, mercurial, volatile), 불규칙적인
- caprice 변덕(=vagary), 일시적 기분

0014 hinder [híndər]
방해하다, 저지하다(=block, retard, thwart, obstruct, impede, deter, hamper, cramp)
- hindrance 방해, 장애(=impediment, deterrence); 장애물; 고장

0015 dormant [dɔ́ːrmənt]
휴면 상태의(=inactive, resting); 잠자는(=latent)
- dormancy 수면(휴면) 상태; 휴지 상태
- hibernate 겨울잠을 자다 ↔ aestivate 여름잠을 자다

0016 exhaust [igzɔ́ːst]
고갈시키다, 소모하다; 철저히 규명하다; 배출하다
- exhausted 고갈된; 지친 exhausting 지치게 하는 exhaustion 배출∙ 기진맥진
- exhaustive 철저한 ↔ exhaustively 철저하게

0017 substantial [səbstǽnʃəl]
상당한, 많은(=considerable, significant, large); 실질적인, 중요한; 물질의
- substance 물질; 실체; 중요성 substantially 상당히, 실질적으로
- substantive 중요한; 실제적인; 중요한 substantiate 실체화하다; 실증하다

0018 affect [əfékt]
~에 영향을 미치다(=influence, have an effect on, cut across); ~인 체하다(=assume)
- affection 애정; 자정; 병 affecting 감동시키는, 감격적인
- affectation 꾸미기, 가장 unaffected 자연스러운, 꾸밈없는

0019 scrutinize [skrúːtənàiz]
세밀히 조사하다, 철저히 검사하다(=examine, canvass, probe, overhaul, inspect)
- scrutiny 정밀한 조사[검사]; 감시, 감독
- be under close scrutiny 엄밀한 조사를 받다

0020 thrive [θráiv]
번영하다(=prosper, flourish); 무성해지다(=grow vigorously); 성공하다
- thrift 절약(=frugality); 번성 thrifty 절약하는(=frugal, economical)
- thriving 번성하는, 무성한(=prosperous)

0021 candid [kǽndid]
솔직한(=frank, forthright, sincere, truthful); 거리낌 없는(=outspoken); 공정한
- candor 솔직, 정직(=honesty, frankness); 성실(=sincerity); 공평성
- candidness 솔직, 정직

0022 futile [fjúːtl, -tail]
(행동 등이) 효과 없는, 무익한(=vain, useless, unsuccessful)
- futility 헛됨, 무익, 무용; 쓸데없는 행동

0023 discrimination [diskrìmənéiʃən]
구별, 식별(력), 안목; 차별(=differentiation), 차별 대우
- discriminating 구별[식별]할 수 있는 ∙ discriminate 구별[식별]하다
- indiscriminate 무차별의, 마구잡이의(=haphazard, indiscreet, promiscuous)

0024 negligible [néglidʒəbl]
무시해도 좋은; 하찮은, 사소한(=slight, small)
- negligent 태만한, 부주의한 negligence 태만, 부주의, 무관심
- neglect 게을리 하다, 간과하다

0025 inadvertently [ìnədvə́ːrtntli]
무심코; 우연히(=accidentally, unintentionally, unwittingly, involuntarily)
- inadvertent 고의가 아닌(=unintentional), 우연의; 부주의한

vulnerable 취약한 ○○○1

depend on 의존하다 ○○○2

mandatory 강제의 ○○○3

ambiguous 모호한 ○○○4

susceptible 감염되기 쉬운 ○○○5

obsolete 구식의 ○○○6

tangible 만져서 알 수 있는 ○○○7

lucrative 수지맞는 ○○○8

obscure 알려지지 않은 ○○○9

dispose 처리하다 ○○○10

precarious 불확실한, 운에 맡기는 ○○○11

alleviate 완화시키다 ○○○12

capricious 변덕스러운 ○○○13

hinder 방해하다, 저지하다 ○○14

dormant 휴면상태의, 잠자는 ○○15

exhaust 다 써버리다, 지치다 ○○16

substantial 상당한, 많은 ○○17

affect 영향을 미치다 ○○18

scrutinize 세밀히 조사하다 ○○19

thrive 번성하다 ○○20

candid 솔직한 ○○21

futile 무익한, 쓸데없는 ○○22

discrimination 차별대우 ○○23

negligible 무시해도 좋은, 사소한 ○○24

inadvertently 무심코 ○○25

2. 이 책의 활용방법

보카바이블 4.0 - 데스크북(+미니단어장)은 하루치 TOP1000표제어 파트와 이미지 연상훈련 파트를 번갈아 보면서 학습할 수 있고,
연속적으로 TOP1000표제어(또는 이미지 연상훈련)만 계속적으로 학습할 수도 있습니다.

[1] 이미지 연상훈련과 TOP1000표제어를 번갈아 보기

- "TOP1000표제어" 페이지를 먼저 본 다음 방향을 뒤로 돌리면 동일
  날짜 분량의 "이미지 연상훈련" 페이지를 볼 수 있습니다.

[2] TOP1000표제어만 계속 보기

- TOP1000표제어만 계속 보고 싶을 때에는 페이지를 뒤로 넘기기만
  하면 다음 날짜의 TOP1000표제어가 나옵니다.

이 책의 구성과 활용방법

1. 이 책의 구성

보카바이블 4.0 – 데스크북(+미니단어장)은 캘린더 형태의 책자로 책상위에 펼쳐놓은 상태로 수시로 보는 책입니다. 한 쪽 면은 보카바이블4.0의 40DAY의 "이미지 연상훈련" 페이지로 편성이었고, 다른 한 면은 "TOP1000표제어"의 내용 중 시험에 출제되는 내용만 발췌. 압축하여 하루치를 한 페이지에 담았습니다. 보카바이블 4.0의 TOP1000표제어는 과거 40여 년간 국내외 모든 영어시험의 어휘문제를 분석하여 시험에 출제된 단어(Ⅱ중 단어와 정답에 사용된 어휘)를 가장 많은 횟수로 출제된 단어들 1000개를 뽑고 그 이를 출제빈도별로 편집한 것입니다. 따라서 역대 영어시험 중 총 31회 이상 출제된 **vulnerable**이 0001번으로 나옵니다. 이 영어단어는 여전히 각종시험에서 한 번 이상 출제되고 있습니다. 이런 시험통계적인 접근으로 주출한 보카바이블 4.0 표제어는 9급공무원 수험생이나 편입수험생들 사이에서 반드시 알아야할 영어단어 시험족보로 통하고 있습니다.

이미지 연상훈련

- 보카바이블 4.0의 TOP1000표제어인 영어단어의 이미지를 직관적으로 떠올릴 수 있는 사진이미지를 통해 영어단어를 보다 오래 기억할 수 있게 만들었습니다.

- 하루치 분량인 25개의 표제어를 한 페이지에 편집해 두었으니 하루 종일 펼쳐놓고 수시로 반복해서 보이주시면 이미지와 함께 기억과 영어단어가 기억될 것입니다.

TOP1000 표제어

- 보카바이블 4.0의 A권 핵심표제어 1000개를 빠르게 복습하고 중요한 부분만 반복해서 암기할 수 있도록 교재 내용 중 시험에 출제된 부분만을 발췌하여 수록하였습니다. 40여 년간 역대 모든 영어시험에서 가장 많이 출제된 영어단어인 TOP1000표제어 1000개와 해당단어의 파생어, 반의어 등을 관련어휘를 포함해서 거의 3000개에 가까운 기출어휘가 1줄어휘가 수록되어 있습니다.

- 이 교재에 수록된 내용은 9급공무원 등 어느 시험에서도 반드시 알아야 할 부분입니다. 책상에 펼쳐놓고 하루에 몇 번이든 가능한 한 많이 반복해서 읽어 주시면 확실한 독실한 암기효과를 얻을 수 있습니다.

머리말

영어단어를 암기하는 최고의 방법은 단어를 시도 때도 없이 반복해서 보는 것입니다.

다른 공부도 해야 하기 때문에 영어단어만 자주 반복해서 볼 수 있는 제약이 따르기 마련이고 이로 인해 단어암기가 잘 안 된다는 어려움을 호소하게 됩니다. **보카바이블 4.0 – 데스크북(+미니단어장)**은 영어단어를 좀 더 자주 볼 수 있도록 하기 위해 공부하는 책상 위에 올려두고 수시로 보는 캘린더형식으로 만들어진 영어단어장입니다. 또한 점심시간이나 대중교통으로 이동하는 시간에 휴대하면서 짬짬이 볼 수 있도록 미니단어장도 함께 제공됩니다. 독서실 책상위엔 데스크북을, 호주머니엔 미니단어장을 넣고 다니면서 수시로 영어단어를 봐준다면 아무리 어려운 영어단어도 금방 암기될 확신하는 바입니다.

보카바이블 4.0 – 데스크북(+미니단어장)은 보카바이블 4.0의 핵심표제어를 압축해서 담았습니다.

14년간 공무원, 편입 분야의 영어어휘교재 1위를 차지해온 베스트셀러 **보카바이블 4.0**의 A권 핵심표제어 1000개의 내용 중 시험에 출제된 부분만을 발췌하여 수록하였습니다. 40여 년간 역대 모든 영어시험에서 가장 많이 출제된 영어단어인 TOP1000표제어 1000개와 해당단어의 파생어, 반의어 등을 관련어휘를 포함해서 거의 3000개에 가까운 수록되어 있습니다. 또한 보카바이블 4.0에 접목으로 도입한 새로운 페러다임의 단어암기비법인 "이미지연상훈련"을 통해 단어암기를 돕고 있습니다.

보카바이블 4.0 데스크북(+미니단어장)은 본서인 보카바이블 4.0을 대체하는 교재는 아닙니다.

편의성, 집중도를 높이기 위해 핵심적인 내용만 압축하여 편집한 것이기 때문에 영문이나 어원 등이 수록되어 있지 않습니다. 따라서 **보카바이블 4.0** 분서를 집중적으로 학습하고 복습용으로 하는 것을 추천 드립니다. 물론 보카바이블 4.0이 아니라 다른 영어단어교재를 집중하여 학습한 수험생이 **보카바이블 4.0** 표제어를 빠른 시간에 보충하고자 할 때에도 가용하게 사용될 수 있습니다.

이 책이 공무원, 편입 등 수험 영어단어 암기에 어려움을 겪고 있는 많은 수험생들에게 한줄기 빛이 되어주기를 희망합니다.

보카바이블 4.0 저자 허 민

세상 위에 우뚝선 영어단어가 저절로
보카바이블 4.0 데스크북(+미니단어장)

지 은 이 허 민
펴 낸 이 허 민
펴 낸 곳 스텝업

디 자 인 홍은선
마 케 팅 김봉주

초판1쇄 발행 2020년 01월 03일
초판5쇄 인쇄 2023년 03월 03일

출판신고 2012년 9월 12일 제 324-2012-0000051호
05248 서울시 강동구 올림픽로 667 대동피렌체리버 705호

TEL 02-747-7078
FAX 02-747-7079

www.vocabible.com
www.stepupbook.net

ISBN 978-89-94553-11-5

가격은 뒤표지에 있습니다.

VOCA Bible 4.0

보카바이블 4.0 데스크북 (+미니단어장)

공무원, 편입, TOEFL, TEPS, SAT, GRE 대비

허민 지음

에듀윈

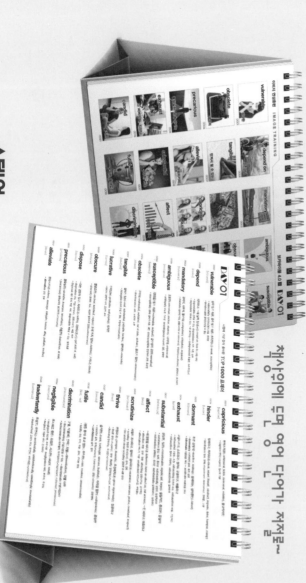

책상위에 두면 영어 단어가 저절로~

영어단어 암기는 반복이 생명!!

책상위에 올려두고 잠깐씩만 봐줘도
역대시험에 가장 많이 출제된 영어단어
1000개가 머리에 저절로 기억된다.
영어단어암기의 새로운 패러다임!

MP3 무료다운로드 www.vocabible.com
암기동영상 유튜브에서 "보카바이블 4.0" 검색